博物馆奇妙夜

中国出版集团　现代出版社

目录

目录

走进“美神之殿”

博物馆为我们打开了一个神奇的世界，这里不仅有山川、河流、岩石，更有千姿百态的奇妙生物；博物馆又如同历史长河，源源不断地将地球和人类过去的故事输送给世界。对自然，对社会，只有了解，才能热爱，越了解，越热爱。让我们沿着博物馆之路去拥抱大千世界。

博物馆，英文为Museum，源自希腊文Mouseion，意即缪斯美神之殿。柏拉图首创博物院的精神，在他设置的学术院立下崇仰美的心灵目标，开宗明义的立下典范。

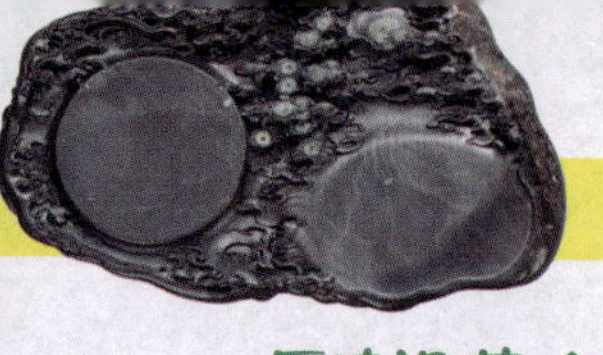

历史沿革 >

博物馆现象最初萌发于人们的收藏意识。在4000多年前，埃及和美索不达米亚的统治者就注意寻找收藏珍品奇物。

由于希腊文化的影响，公元前3世纪埃及亚历山大港成立了一所庞大的博物院，以研究学术为重心，设立图书馆，并收藏珍贵文物。百余年后，罗马帝国掠夺希腊，所有美术品皆移存到罗马城的宫廷、寺院及王公贵族的家园里，美术品变成贵族私产。中古世纪的欧洲基督教寺院成为保存美术品的场所。16世纪欧洲航海事业兴起，私人搜集珍物的热潮展开，文艺复兴运动亦激起古物学研究的风气。使博物馆学的领域展开新局面，文物分类法与修护技术相随而起。17世纪私人收藏家开始公开其珍藏文物供一般民众参观，私人博物馆出现，公共性博物馆相继成立。18世纪至19世纪间美国各地大兴博物馆事业，亚洲国家中国、印度、日本、朝鲜亦新兴博物馆事业。20世纪初叶迄今，现代博物馆管理的方法与观念日趋进步，由静态进入动态，视听设备及新科技皆被应用到新的陈列设计与管理上。

公元前4世纪，马其顿的亚历山大大帝在建立地跨欧亚非大帝国的军事行动中，把搜集和掠夺来的许多珍贵的艺术品和稀有古物交给他的教师亚里士多德整理研究，亚里士多德曾利用这些文化遗产进行教学、传播知识。亚历山大去世后，他的部下托勒密·索托建立了新的王朝，继续南征北战，收集来更多的艺术品。公元前3世纪托勒密·索托在埃及的亚历山大城创建了一座专门收藏文化珍

亚历山大大帝

品的缪斯神庙。这座“缪斯神庙”被公认为是人类历史上最早的“博物馆”。博物馆一词，也就由希腊文的“缪斯”演变而来。与我们今天见到的博物馆不同，缪斯神庙其实是一个专门的研究机构，里面设大厅研究室，陈列天文、医学和文化艺术藏品，学者们聚集在这里，从事研究工作。传说在洗澡时发现了浮力定律的著名物理学家阿基米德以及著名数学家欧几里德都是在这里从事研究工作的。缪斯神庙这座人类历史上最早的博物馆，在公元5世纪时被毁于战乱。

现代意义的博物馆于17世纪后期出现。在18世纪，英国有一位内科医生名叫汉斯·斯隆，是个兴趣广泛的收藏家。为了让自己的收藏品能够永远“维持其整体性、不可分散”，他决定把自己将近8万件的藏品捐献给英国王室。王室由此决定成立一座国家博物馆。1753年，大英博物馆建立，它成为全世界第一个对公众开放的大型博物馆。

亚里士多德

博物馆具有的功能 >

博物馆，又称博物院，二者没有规模大小、级别高低之分。

从某种角度上说，了解一个地方的过去和现在是从博物馆开始的。一座博物馆就是一部物化的发展史，人们通过文物与历史对话，穿过时空的阻隔，俯瞰历史的风风雨雨。博物馆的文物是靠陈列、展出、宣传、服务等，达到历史与现在的对话，它已成为城市文化设施的重要组成部分。博物馆对人类文化遗存、自然遗存管理起到非常大的作用。

博物馆在适应社会发展的漫长历程中，形成多职能的文化复合体。随着社会的发展，博物馆的职能仍在不断地发展变化之中。博物馆的新职能、新形态、新方法、新的收藏对象也不断地出现。因此，国际公认的博物馆定义也在不断修改之中。国际博物馆协会为了给博物馆下一个各国都能接受的定义，进行了很多工作，花了很长时间，曾经作过多次讨论和修改。1946年11月，国际博物馆协会成立时的章程中提出：博物馆是指为公众

开放的美术、工艺、科学、历史以及考古学藏品的机构，也包括动物园和植物园。1974年，国际博物馆协会第十一届大会通过的章程明确规定：博物馆是一个不追求营利的、为社会和社会发展服务的、向公众开放的永久性机构，以研究、教育和欣赏为目的，对人类和人类环境的见证物进行搜集、保存、研究、传播和展览。

现代博物馆的功能包含了搜集、保存、修护、研究、展览、教育、娱乐七项。形态上包含建筑物、植物园、动物园、水族馆、户外史迹、古城小镇博物馆化、长期仿古代生活展示（民俗村），以及视听馆、图书馆、表演馆、档案资料馆等皆可纳入。内容上一般分为美术馆、历史博物馆、人类学博物馆、自然历史博物馆、科学博物馆、地区性博物馆及特别专题博物馆等现代博物馆的功能以教育推广为重要目标，致力于社区民众的公共关系。介绍知识，引发观众美感，以认知真善美的生命真理为展示目标。

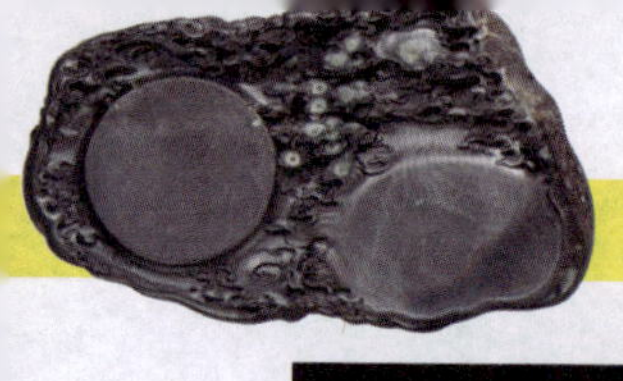

龙泉青瓷博物馆

博物馆的陈列形式 >

陈列形式是设计者与观众进行交流的方法和途径。从不同形式的博物馆自身出发，充分利用现代科学技术来增强或突出展品，目前实物陈列与数字化陈列成为主流。

☒ 实物陈列博物馆

实物陈列博物馆，是我们大家所熟悉的地面建筑形式博物馆。

☒ 数字化博物馆

数字化博物馆，是利用互联网作为载体，提供给参观者方便快捷的博物馆，也就是人们常说的网络博物馆。网络博物馆正在世界范围内形成一种不可阻挡的趋势。无论是实物陈列博物馆还是网上博物馆，它们两种形式之间有着很大相关性和独立性。

随着网络技术的成熟，为藏品档案数字化管理和网络化应用奠定了良好的基础，并对进一步发挥馆藏文物的资源优势、开展博物馆的各项业务起着十分重要的作用。

博物馆最多的国家

哪个国家也比不上英国的博物馆数量，尤其是伦敦。英国是博物馆迷的最爱，也是最早发展出现代博物馆学并拥有全世界最高博物馆密度的国家。博物馆迷在伦敦，若不在家，就肯定在去往博物馆的路上，单是伦敦就有200多家博物馆，而且其中不少是免费的。大英博物馆从建立伊始就坚持对公众免费开放。

英国皇家空军博物馆

千姿百态博物馆

中国博物馆分类 >

中国博物馆在1988年前都是被划分为专门性博物馆、纪念性博物馆和综合性博物馆三类，国家统计局也是按照这三类博物馆来分别统计公布发展数字的。中国博物馆事业的主管部门和专家们参照国际上一般使用的分类法，根据中国的实际情况，将中国博物馆划分为历史类、艺术类、自然科学类、综合类四种类型。

中国海盐博物馆

☒ 历史类博物馆

以历史的观点来展示藏品，如中国国家博物馆(由原中国历史博物馆与原中国革命博物馆合并)、西安半坡遗址博物馆、秦始皇兵马俑博物馆、泉州海外交通史博物馆、景德镇陶瓷历史博物馆、北京鲁迅博物馆、韶山毛泽东同志纪念馆、中国共产党第一次全国代表大会会址纪念馆等。

☒ 艺术类博物馆

主要展示藏品的艺术和美学价值，如故宫博物院、南阳汉画馆、广东民间工艺馆、北京大钟寺古钟博物馆、徐悲鸿纪念馆、天津戏剧博物馆、聚通源刺绣博物馆等。

☒ 自然科学类博物馆

以分类、发展或生态的方法展示自然界，以立体的方法从宏观或微观方面展示科学成果，如中国地质博物馆、北京自然博物馆、自贡恐龙博物馆、台湾昆虫科学博物馆、中国科学技术馆、柳州白莲洞洞穴科学博物馆等。

☒ 综合类博物馆

综合展示地方自然、历史、革命史、艺术方面的藏品，如南通博物苑、山东省博物馆、湖南省博物馆、内蒙古自治区博物馆、黑龙江省博物馆、甘肃省博物馆、青铜器博物馆等。

外国博物馆分类 >

外国博物馆，主要是西方博物馆，一般划分为艺术博物馆、历史博物馆、科学博物馆和特殊博物馆四类。

☒ 艺术类博物馆

包括绘画、雕刻、装饰艺术、实用艺术和工业艺术博物馆。也有把古物、民俗和原始艺术的博物馆包括进去的。有些艺术馆，还展示现代艺术，如电影、戏剧和音乐等。世界著名的艺术博物馆有卢浮宫博物馆、大都会艺术博物馆、国立艾尔米塔什博物馆等。

☒ 历史类博物馆

包括国家历史、文化历史的博物馆，在考古遗址、历史名胜或古战场上修建起

芝加哥市菲尔德博物馆大厅一角

来的博物馆也属于这一类。墨西哥国立人类学博物馆、秘鲁国立人类考古学博物馆是著名的历史类博物馆。

☒ 科学类博物馆

包括自然历史博物馆。内容涉及天体、植物、动物、矿物、自然科学，实用科学和技术科学的博物馆也属于这一类。英国自然历史博物馆、美国自然历史博物馆、巴黎发现宫等都属此类。

☒ 特殊博物馆

包括露天博物馆、儿童博物馆、乡土博物馆，后者的内容涉及这个地区的自然、历史和艺术。著名的有布鲁克林儿童博物馆、斯坎森露天博物馆等。

▲国际博物馆协会将动物园、植物园、水族馆、自然保护区、科学中心和天文馆以及图书馆、档案馆内长期设置的保管机构和展览厅都划入博物馆的范畴。

特殊博物馆 >

☒ 行动博物馆

行动博物馆是一个术语，适用于某些博物馆，将展示放在车辆当中，如面包车。有些机构，如加拿大温尼伯的圣维托历史学会和美国明尼苏达的沃克艺术中心，使用行动博物馆这个术语，指的是这个博物馆收藏的一部分，因教育目的，而运离博物馆前往不同地点。其他行动博物馆并没有“总部据点”，而是以巡回展出作为其唯一的呈现方式。

☒ 露天博物馆

露天博物馆是在大型户外场所重新建立古老建筑物，通常设置在重建过去景观的场景之中。第一个露天博物馆是瑞典奥斯卡二世的，接近挪威奥斯陆，于1881年开业，现在是挪威文化史博物馆。1891年，阿图尔·哈塞柳斯在斯德哥尔摩创立斯卡森，这成为后来建立的露天博物馆的典范，最初在北欧和东欧，最终传到世界其他地区。大多数的露天博物馆位于木结构建筑盛行地区，这是由于木结构可以搬迁位置，但不会明显损坏其真实性。

☒ 虚拟博物馆

随着全球互联网的扩展，有一项最新的发展是虚拟博物馆的建立。线上活动，例如加拿大虚拟博物馆为某些实体博物馆提供网络展示，以及线上的策展平台。

有些虚拟博物馆在现实世界中并没有对应的存在，如利马当代艺术博物馆，它并没有实际的位置，而且可能与这座城市本身的博物馆相混淆。

格莱美露天博物馆

☒ 动物园和植物园

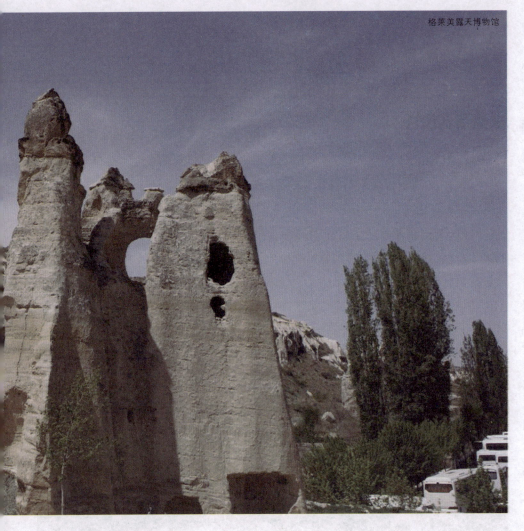

虽然人们往往不会将动物园和植物园想成是个博物馆，但它们其实都是“活体博物馆”。它们存在的目的如同其他博物馆：教育、激发行动、研究、发展和管理典藏品。知名的动物园包括纽英国伦敦动物园，美国费城动物园、纽约布朗克斯动物园、圣路易斯动物园、圣迭戈动物园，德国柏林动物园，澳大利亚悉尼的塔朗加动物园，法兰克福动物园，法国巴黎植物园和瑞士苏黎世动物园。知名的植物园包括英国邱园、圣路易的密苏里植物园、布鲁克林植物园、芝加哥植物园和加拿大安大略省皇家植物园。

知识“加油站”

国际博物馆日 >

☒ 节日简介

每年 5 月 18 日，为国际博物馆日。这一天世界各地博物馆都将举办各种宣传、纪念活动，庆祝自己的节日，让更多的人了解博物馆，更好地发挥博物馆的社会功能。

“国际博物馆日”是由国际博物馆协会 (ICOM) 发起并创立的。国际博物馆协会是隶属于联合国教科文组织的一个非政府性国际组织，成立于 1946 年。1977 年，国际博物馆协会为促进全球博物馆事业的健康发展，吸引全社会公众对博物馆事业的了解、参与和关注，向全世界宣告：1977 年 5 月 18 日为第一个国际博物馆日，并每年为国际博物馆日确定活动主题。

☒ 中国加入

中国博物馆学会于 1983 年正式加入国际博物馆协会，并成立了国际博物馆协会中国国家委员会。每年 5 月 18 日在全国各省市区举办形式多样的纪念活动。

☒ 历届主题

1992 年主题是："博物馆与环境"(Museums and Environment)。

1993 年主题是："博物馆与土著人"(Museums and Indigenous Peoples)。

1994 年主题是："走进博物馆幕后"(Behind the Scenes in Museums)。

1995 年主题是："反应与责任"(Response and responsibility)。

1996 年主题是："收集今天 为了明天"(Collecting today for tomorrow)。

1997 年主题是："与文物的非法贩运和交易行为进行斗争"(The fight against illicit traffic of cultural property)。

1998 年主题是："与文物的非法贩运和交易行为作斗争"。

1999 年主题是："发现的快乐"(Pleasures of discovery)。

2000 年主题是："致力于社会和平与和睦的博物馆"(Museums for Peace and Harmony in Society)。

2001 年主题是："博物馆与建设社区"(Museums building community)。

2002 年主题是："博物馆与全球化"(Museums and Globalisation)。

2003 年主题是："博物馆与朋友"(Museums and Friends)。

2004 年主题是："博物馆与无形遗产"。

2005 年主题是："博物馆——沟通文化的桥梁"。

2006 年主题是："博物馆与青少年"(Museums and Young)。

2007 年主题是："博物馆和共同遗产"(Museums and Universal Heritage)。

2008 年主题是："博物馆：促进社会变化的力量(Museums as agents of social change and development)。

2009 年主题是："博物馆与旅游"(Museum and tourism)。

2010 年主题是："博物馆致力于社会和谐"(Museums For Social Harmony)。

2011 年主题是："博物馆与记忆"(Museums and Memory)。

博物馆要远离噪声 >

⊠ 博物馆为什么要限制参观人数

这是为了保证您和其他观众的参观效果而考虑制定的办法。博物馆保存的是我们全人类的文化遗产，国家将博物馆规定为一类环境，对博物馆的空气质量和噪声排放都有严格的标准。免费开放之后的观众很多，如果对人数不加限制，博物馆的空气质量和噪声都无法控制，会对观众的参观质量产生影响。

⊠ 为什么博物馆要远离噪声

博物馆服务首先突出的是“以人为本”，保证观众的正常有效参观是博物馆首要考虑的问题。博物馆属于一类参观环境，对于博物馆室内的噪声控制标准是 55 分贝以下。观众在博物馆的参观至少要持续一小时以上，如果对噪声不加控制，观众将无法 正常参观。

⊠ 博物馆内的噪声源有哪些

博物馆内的噪声源，一方面是由于馆内机器等设备等造成的。近年来，博物馆已采用静音设备减少噪声的产生。另外一个主要声源是观众的谈话，如果对谈话音量不加控制，会直接导致展厅内噪声的形成。

⊠ 噪声会伤害到文物吗

理论上讲噪声对文物是会造成损害的，并且这种伤害是不可逆的。噪声对文物的伤害因根据文物的材质和新旧程度而定，纸质、木质、石质、金属质等文物都能够传递声波，当环境噪声过高，声波穿

透玻璃展柜到达文物的时候，产生细微的振动，对年代久远的文物会造成一定程度上损坏。

☒ 博物馆采取了怎样的措施防治噪声

防治噪声的办法从两个方面来考虑，一是弱化噪声，另外是控制噪声源。在弱化噪声方面，博物院采取了很多措施，在展厅内铺设吸音板、吸音地面等，限制观众人数、合理疏散人流等。但关键是对噪声源的控制。河南博物院在展厅的设备方面尽量考虑安装有静音功能的设备，另一方面则是对观众交谈的音量进行必要提醒。所以防治噪声需要广大观众的配合。

埃及博物馆一角

解读博物馆参观攻略 >

参观博物馆，可以一走而过，十分简单。但如果想真正将博物馆读懂、读透，把参观博物馆的过程变成一段对话文明的美妙历程，实非易事，事先做些功课必不可少。博物馆免费开放后，你可以多次解读博物馆，找到属于您自己的博物馆。

⊠ 用心灵触摸文物，走出参观误区

现在的一些参观者，在踏进博物馆面对文物的时候，忙着查看展品的年代及专家的评语，不是从自己直观上来感受珍品，享受美的愉悦，这是一种参观的误区。博物馆的引导词要考虑到更广泛的受众，在一定程度上恰恰“干扰”了观众个体对展品的感受，反而成了一种限制。每个观众由于文化背景不同，对每件文物的解读也因人而异。因此，观看展览如想获得好的参观效果，首先要从专家评语的误区中走出来，真正地用心去感受、去品读文物。

物品之所以成为文物，是由于其本身凝固与承载信息内涵的丰富性与代表性。还有一些观众更倾向于观看文物的经济价值，殊不知，很多文物的历史、考古价值是无法用金钱衡量的。对此，博物馆工作

人员推荐您可以选择一种更单纯的心态，只依据个人喜好，在博物馆内找一件最能触动您心弦的展品，与之对话。

☒ 做足功课，有备而来

观看展览有很多种方式，目前较常见的是走马观花式，这种方式虽然可以对展出文物一览无余，但往往效果不佳，经常是参观下来，脑海中仅依稀对博物馆有一个印象。所以博物馆更推荐您事先做足功课，有备而来。

从这个角度来讲，一些外国游客参观博物馆时表现的方式更为理性。他们一般更注重自我对展品的感受与解读，虽然不乏走马观花者，但很多游客更倾向选择自己感兴趣的展馆，有的甚至就是认定一件心仪的展品而去，一品就是很长时间，有些游客甚至多日只留连一个展厅。

☒ 突破心理防线，敢于提问

不敢提问，也是观众的特征之一。他们通常觉得博物馆很高深，生怕自己的问题太幼稚而“露怯”。这也是观众毋须担心的问题，为解答观众的现场问题是博物馆工作人员的分内事，也是博物院工作人员的心愿。在美面前，不分高下。敢于提问、不被博物馆“吓”住，也是一些观众需要首先突破的心理线。

⊠ 登录博物馆网站与博物馆结成稳定联系

现在国内各大博物馆基本上都拥有自己的网站，博物院网站便是一个不错的导览工具，网站上提供有观众想要了解的博物馆展览、服务、活动、文物知识等基本的介绍。观众可以了解感兴趣的专题，了解相关博物馆的动态，以及最新的专家讲座动态及内容，也可通过留言的方式积极参与到博物馆的建设中来，提供您宝贵的意见与建议，使博物馆成为生活的一部分，结成与博物馆的稳定联系。

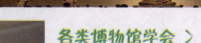

各类博物馆学会 >

中国博物馆学会是群众性的学术团体。1979年南京博物院和上海博物馆倡议成立中国博物馆学会，经有关单位协商，确定由中国历史博物馆、故宫博物院、中国革命博物馆、南京博物院、上海博物馆、北京自然博物馆、中国人民革命军事博物馆、北京鲁迅博物馆作为成立中国博物馆学会的发起单位。1980年7月，8个发起单位的负责人在北京开会，决定先成立中国博物馆学会筹备委员会。10月，在四川成都召开了中国博物馆学会筹备委员会成立会，会上讨论并原则通过了《中国博物馆学会章程(草案)》，选举产生了中国博物馆学会筹备委员会委员。

中国博物馆学会至1989年已有165个团体会员，1170名个人会员。它的主要任务是组织博物馆学的研究和学术活动，提高博物馆的业务和学术水平，开展国际间博物馆学术交流活动，增进同国外博物馆工作者的联系，编辑会刊、通讯，编译博物馆学专著、资料。

中国博物馆学会的最高权力机构是：会员代表大会。理事会是会员代表大会的执行机构。中国博物馆学会下设陈列艺术专业委员会、地质博物馆专业委员会、保管专业委员会、社会教育专业委员会，按照博物馆学各分支学科的内容分别组织学术活动。会刊编委会负责学会会刊的编辑、出版、发行工作。

世界五大博物馆

东方的华丽——故宫博物院 >

☒ 基本介绍

北京故宫博物院(the Palace Museum)，建立于1925年10月10日，是在明朝、清朝两代皇宫及其收藏的基础上建立起来的中国综合性博物馆，也是中国最大的古代文化艺术博物馆，其文物收藏主要来源于清代宫中旧藏。故宫文化，是以皇帝、皇宫、皇权为核心的帝王文化、皇家文化，或者说是宫廷文化，而代表皇权的莫过于宝玺。

☒ 历史沿革

故宫为明、清两代(公元1368—1911年)的皇宫，依照中国古代星象学说，北极星位于中天，乃天帝所居，天人对应，故宫又称紫禁城。明代第三位皇帝朱棣在夺取帝位后，决定迁都北京，公元1406年即开始营造宫殿，至明永乐十八年(公元1420年)落成。1911年，辛亥革命推翻了中国最后的封建帝制——清王朝。1924年清逊帝爱新觉罗·溥仪被逐出宫禁。

在这500多年中，共有24位皇帝曾在这里生活居住和对全国实行统治。城内宫殿建筑布局沿中轴线向东西两侧展开。红墙黄瓦，画栋雕梁，金碧辉煌。殿宇楼台，高低错落，壮观雄伟。朝暾夕曛中，仿若人间仙境。在封建帝制时代，普通的人民群众是不能靠近它一步的。

☒ 紫禁城全貌

紫禁城宫殿位于北京城中心，东西宽753米，南北长961米，占地面积723600余平方米，周围环以10米高的城墙和52米宽的护城河，城墙四面各设城门一座：南名午门，北称神武门，左右为东华门、西华门，其中午门和神武门现专供参观者游览出入。城内古建筑总面积约16万平方米（一说为16.3万平方米），整组宫殿建筑布局严谨，秩序井然，其布局与形制均严格按照封建礼制和“阴阳五行”学说设计与营造，映现出帝王至高无上的权威。

☒ 紫禁城前半部

紫禁城前半部（南半部）以太和殿、中和殿、保和殿三大殿为中心，东西辅以文华、武英二殿，统称为“外朝”，是明、清两代皇帝办理政务、举行朝会及其他重要庆典的场所。三大殿建于高8.13米的3层汉白玉石台基上。其中太和殿面积2370平方米，高33.33米，重檐庑殿黄色琉璃瓦顶，是现存中国古代建筑中最高大的建筑，是封建皇权的象征，皇帝登极、万寿、

故宫全景图

大婚、册立皇后等均在这里举行。保和殿顶为重檐歇山式，殿内沿袭宋、元“减柱造”法式，空间开阔，在清代是宴请王公、举行殿试等的地方。

☒ 后宫

以乾清宫、交泰殿、坤宁宫为中心，又名“后三宫”。左、右为东、西六宫，后为御花园，分别为皇帝、皇后、妃嫔们的寝宫和活动场所。在此以外，东有皇极殿、宁寿宫、养心殿、乐寿堂等建筑，习称外东路，为准备皇帝退位后生活所建。西有慈宁宫、寿康宫、寿安宫等建筑，习称外西路，专供皇太后、太皇太后、太妃、太嫔等起居之用。皇子们的居所原在东、西六宫之后，称东、西五所，后迁至宁寿宫之南，称南三所。所有后半部统称“内廷”。清代雍正之后，皇帝移居养心殿，乾清宫改为接见外国使臣场所。乾清门外东有九卿房，为九卿值班处；西有军机处，为军机大臣值班所。养心殿位于西六宫南，为皇帝日常办公地，同时在此召见臣僚。与之相对称的地方为奉先殿，是供奉祭祀祖先处。整个紫禁城宫殿建筑，是中国历代宫殿建筑的继承与发展，是中国现今保存最完整、规模最宏伟的古代宫殿建筑群。

太和殿

中和殿与保和殿

著名景点

太和殿

太和殿，俗称“金銮殿”。明永乐十八年（公元 1420 年）建成。初名奉天殿，明嘉靖时改名皇极殿，清顺治时始称太和殿。清康熙三十四年（公元 1695 年）重建。殿高 35.05m，为重檐庑殿式，面积 2377m^2，55 间，72 根大柱，其中 6 根是缠龙金柱，是宫中最高大的建筑。太和殿是明清两代皇帝举行大典的场所。皇帝的登极、大婚、册立皇后和每年的春节、冬至节、皇帝生日以及公布进士黄榜、派将出征、宴会等大的庆典活动都在这里举行。每逢大典之日，从太和殿至天安门外，设有庞大的仪仗，太和殿前檐下设中和韶乐，太和门内设丹陛大乐，王公立于丹陛之上，一品至九品文武百官齐集于丹墀内陈设“品极山”的御道两旁。皇帝出宫御太和殿，午门钟鼓齐鸣，殿廷乐队相继演奏，殿内外香烟缭绕，气氛庄严肃穆，以显示封建帝王的专贵和威严。

养心殿

☒ 中和殿

明永乐十八年（公元 1420 年）建成。曾历经三次火灾，现存为明天启七年（公元 1627 年）重建。殿初名华盖殿，后改中极殿，清顺治二年（公元 1645 年）始称中和殿。每逢皇帝在太和殿举行典礼前，先在此休息，接受官员的跪拜礼。每年春季祭先农坛，也先在这里阅视祭文。祭祀地坛、太庙、社稷坛的祝版，也在此阅视。现殿内为清代原状陈列。

☒ 保和殿

明永乐十八年（公元 1420 年）建成。清乾隆时重修。原名谨身殿，明嘉靖时改名建极殿，清顺治时始称保和殿。每年除夕，皇帝在此宴请少数民族王公大臣。自乾隆后期，这里便成为举行“殿试”的场所。“殿试”是科举制度最高一级的考试，每三年举行一次，被录取者称“进士”，前三名为“状元”、“榜眼”、“探花”。现殿内为清代原状陈列。

☒ 养心殿

养心殿建成于明嘉靖十六年（公元 1537 年），清雍正年重修，作“工”字形建筑，分前后两殿。自清雍正以后，皇帝寝宫移至后殿，前殿成为皇帝处理日常政务，接见臣子的地方。

前殿正中明间设屏风宝座，上悬雍正

帝御笔“中正仁和”匾，这里是皇帝接见大臣，举行常朝的所在。

东暖阁是同治、光绪皇帝年幼时，慈安太后和慈禧太后垂帘听政的地方。宣统三年（公元1911年）辛亥革命爆发，溥仪在此召开“御前会议”，作出退位决定。

西暖阁正中设坐榻，上悬雍正帝御笔“勤政亲贤”匾，这里是清代皇帝批阅奏章，或与亲近大臣密商之处。

西暖阁西侧另一小室为乾隆皇帝最著名的书房之一——“三希堂”。

☒ 坤宁宫

明永乐十八年（公元1420年）建成。明代属皇后的寝宫。清顺治十二年（公元1655年）仿盛京清宁宫的式样重修。西端四间辟为萨满教祭神的场所，东端二间是皇帝大婚的洞房，年幼登基的康熙、同治、光绪三位皇帝均在此成婚。

☒ 武英殿

武英殿始建于明初，位于外朝熙和门以西。正殿武英殿南向，面阔5间，进深3间，黄琉璃瓦歇山顶。须弥座围以汉白玉石栏，前出月台，有甬路直通武英门。后殿敬思殿与武英殿形制略似，前后殿间以穿廊相连。东西配殿分别是凝道殿、焕章殿，左右共有廊房63间。院落东北有

坤宁宫

恒寿斋，西北为浴德堂。曾经作为理事之所。康熙年间，首开武英殿书局。

☒ 太极殿

内廷西六宫之一。建于明永乐十八年（公元 1420 年）。原名未央宫，因嘉靖皇帝的生父兴献王朱祐杬生于此，故于嘉靖十四年（公元 1535 年）更名启祥宫，清代晚期改称太极殿。清代曾多次修葺。太极殿原为二进院，并有后殿，清后期改修长春宫时，将太极殿后殿辟为穿堂殿，后檐接出抱厦，并与长春宫及其东西配殿以转角游廊相连，形成回廊，东西耳房各开一间为通道，使太极殿与长春宫连接成相互贯通的四进院。

☒ 金水桥

在太和门前广场。共 5 座金水桥，单孔拱券式。造型秀美，同雄伟壮观的午门城楼和金碧辉煌的太和殿相映衬，引人入胜。午门之内，太和门前是青砖墁地的一个大广场。广场南部自西向东蜿蜒流淌着一条如弓形的金水河。河上并排横跨 5 座单孔石桥。这就是所谓的“内金水桥”。这是紫禁城内最大，也是最壮观、最华美的一组石桥。这 5 桥随着弯曲如弓的金水河河道也呈弧形排列。桥的规格制式和外金水桥相同。正中的一座是御路桥。桥长 23.15 米，宽 6 米。汉白玉望柱上雕刻蟠龙祥云。此桥供皇帝专用。御路桥东西两侧为王公桥，长 21 米，宽 5.4 米，供皇室成员、亲王大臣通行。再两侧为品级桥，长 19.5 米，宽 4.8 米，供三品以上官员行走。整个功能和天安门前的外金水桥是一样的。

金水桥

剔彩鱼龙变幻纹葵瓣式三层盒

绿地剔红十八罗汉笔筒

☒ 陈列与展览

为了使院藏瑰宝和广大观众见面，在陈列展览方面，除了保存和复原三大殿、后三宫和西六宫等处的原状陈列之外，又不定期开辟了青铜、陶瓷、工艺、书画、珍宝、钟表等专馆，供参观者欣赏。还开设有临时展厅，举办各种主题性展览，如近年来的“古书画真伪对比展”、“古陶瓷真仿品对比及古窑址资料展”、“清代宫廷包装艺术展”、“五十年入藏文物精品展”等，都是广受社会各界欢迎的展览。同时也引进国内其他博物馆和国外的收藏文物展。

☒ 经典藏品

☒ 剔彩鱼龙变幻纹葵瓣式三层盒

剔彩鱼龙变幻纹葵瓣式三层盒，清中期，高 21.5cm，腹径 16.5cm。清宫旧藏。盒呈葵瓣式口，三撞式，底承四个如意头形矮足。通体髹绿漆雕海水，红漆雕鱼、龙纹。盖面雕饰正面龙纹，盒壁雕鱼、龙在绿波中追逐飞动的火球，形体若隐若现，变幻无穷，构成了“鱼龙变幻”的图景。盒内髹黑漆饰描金折枝花纹，底髹黑漆，无款。此器刀法纤细，雕工娴熟，工艺精湛。所雕的红漆鱼、龙隐现在绿色漆中，不同以往，在绿漆上局部加饰红漆后再雕刻鱼龙纹，这是清代中期雕漆工艺的新发展。

☒ 绿地剔红十八罗汉笔筒

绿地剔红十八罗汉笔筒，清中期，高 15.5cm，口径 19.3cm。清宫旧藏。笔筒圆形，底承四个如意头形矮足。图案以绿漆雕海水，间以红、绿漆团簇浪花做地。海浪中界出平地、山岗与松树，雕龟背锦地，其上压雕红漆十八罗汉，众罗汉姿态各异，神情生动。此器髹漆肥厚，故所雕纹饰具有很强的立体感，众罗汉的面部表情、形体动作和袈裟的衣纹飘带皆雕刻得栩栩如生，充分表现出清代雕漆高超的工艺水平。

卓尔不群——卢浮宫 >

卢浮宫，是世界上最古老、最大、最著名的博物馆之一。位于法国巴黎市中心的塞纳河北岸（右岸），始建于1204年，历经800多年扩建、重修达到今天的规模。卢浮宫占地面积（含草坪）约为45公顷，建筑物占地面积为4.8公顷。全长680米。它的整体建筑呈“U”形，分为新、老两部分，老的建于路易十四时期，新的建于拿破仑时代。宫前的金字塔形玻璃入口，是华人建筑大师贝聿铭设计的。同时，卢浮宫也是法国历史上最悠久的王宫。

☒ 卢浮宫概述

藏品中有被誉为世界三宝的《维纳斯》雕像、《蒙娜丽莎》油画和《胜利女神》石雕，更有大量希腊、罗马、埃及及东方的古董，还有法国、意大利的远古遗物。陈列面积 5.5 万平方米。卢浮宫始建于 13 世纪，是当时法国王室的城堡，被充当为国库及档案馆。但于 1546 年建筑师皮埃尔·莱斯柯在国王委托下对卢浮宫进行改建，从而使这座宫殿具有了文艺复兴时期的风格。后又经历代王室多次授权扩建，又经过法国大革命的动荡，到拿破仑三世时卢浮宫的整体建设才算完成。

继贤王查理建设了重要的图书馆而声名远播之后，16 世纪的弗朗索瓦一世又开始大规模地收藏各种艺术品，到了路易十三和路易十四时期，卢浮宫的收藏已十分充实。至路易十四去世前夕，卢浮宫已经成为经常展出各种绘画和雕塑作品的一个场所。

1793 年 8 月 10 日，卢浮宫艺术馆正式对外开放，成为一个博物馆。从那时起，这里的收藏不断增加，更不用说拿破仑向那些被征服的国家征用的艺术贡品了。总之，如今博物馆收藏目录上记载的艺术品数量已达 4 万件，分为许多的门类品种，从古代埃及、希腊、埃特鲁里亚、罗马的艺术品，到东方各国的艺术品；有从中世纪到现代的雕塑作品；还有数量惊人的王室珍玩以及绘画精品等等。迄今为止，卢浮宫已成为世界著名的艺术殿堂。

⊠ 历史概况

卢浮宫（Louvre Museum）有着非常曲折、复杂的历史，而这又是和巴黎以至法国的历史错综地交织在一起的。人们到这里当然是为了亲眼看到举世闻名的艺术珍品，同时也是想看卢浮宫这座建筑本身，因为它既是一件伟大的艺术杰作，也是法国近千年来历史的见证。这里曾经居住过 50 位法国国王和王后，还有许多著名艺术家在这里生活过。

卢浮宫始建于 1204 年，当时只是菲利普・奥古斯特二世皇宫的城堡。在十字军东征时期，为了保卫北岸的巴黎地区，菲利普二世于 1204 年在这里修建了一座通向塞纳河的城堡，主要用于存放王室的档案和珍宝，同时也存放他的狗和战俘，当时就称为卢浮宫。查理五世时期，卢浮

宫被作为皇宫，因而使它成为完全不同的一座建筑物了。在以后的 350 年中，随着王室贵族们越来越高的寻欢作乐的要求，他们不断增建了华丽的楼塔和别致的房间。然而在其后的整整 150 年间，卢浮宫却并无国王居住。16 世纪中叶，弗朗西斯一世继承王位后，便把这座宫殿拆毁了。他下令由建筑师皮尔·莱斯科在原来城堡的基础上重新建筑一座宫殿。弗朗西斯还请当时著名的画家为他画肖像，他崇拜意大利派的画家，购买了当时意大利最著名的画家法埃洛的绘画。包括《蒙娜丽莎》等珍品。弗兰西斯一世的儿子亨利二世即位后，把他父亲毁掉的部分重新建造起来。亨利喜爱法国文艺复兴时期建筑艺术的装饰，对意大利式的建筑并不感兴趣。他沿袭了父亲的嗜好，但却没有他父亲一样的审美观。

亨利四世在位期间，他花了 13 年的功夫建造了卢浮宫最壮观的部分——大画廊。这是一个长达 300 米的华丽的走廊，亨利在这里栽满了树木，还养了鸟和狗，甚至在走廊中骑着马追捕狐狸。路易十四是法国历史上著名的国王，他被称为太阳王。他登基时只有 5 岁，在卢浮宫做了 72 年的国王——法国历史上在位时间最长的国王。路易十四把卢浮宫建成了正方形的庭院，并在庭院外面修建了富丽堂皇的画

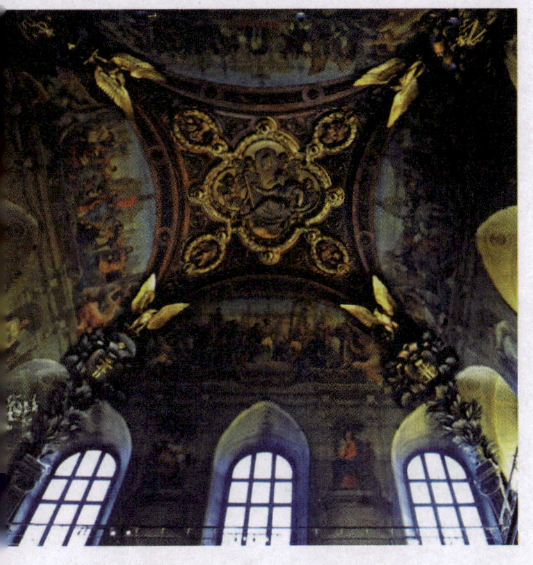

廊。他购买了欧洲各派的绘画，包括夏尔丹伦勃朗等人的作品。他一生迷恋艺术和建筑，致使法国的金库空虚。路易十六在位期间，爆发了著名的1789年大革命，在卢浮宫“竞技场”院子里建立了法国革命的第一个断头台。1792年5月27日，国民议会宣布，卢浮宫将属于大众，成为公共博物馆。这种状况一直延续了6年，直到拿破仑一世搬进了卢浮宫。

拿破仑在这座建筑的外围修建了更多的房子，并增强了宫殿的两翼，还在竞技场院里修建了拱门，拱门上的第一批雕刻马群是从威尼斯的圣马可教堂上取下来的。拿破仑以前所未有的方式装饰卢浮宫，他把欧洲其他国家所能提供的最好的艺术品搬进了卢浮宫。拿破仑不断地向外扩张，并称雄于欧洲，于是几千吨的艺术品从所有被征服国家的殿堂、图书馆和天主教堂运到了巴黎。拿破仑将卢浮宫改名为拿破仑博物馆，巨大的长廊也布满了他掠夺来的艺术品。在卢浮宫里，拿破仑的光彩持续了12年，一直到滑铁卢战役的惨败。对拿破仑来说，每一幅天才的作品都必须属于法国。这样的观点是德国人、意大利人、西班牙人和荷兰人所不能接受的。拿破仑失势后，他们来到卢浮宫，约有5000件艺术品物归原主。但由于法国人的外交手段及法国人的说服力，仍然有许多他掠夺的艺术品被留在了卢浮宫。拿破仑三世是一位野心勃勃的皇帝，他是卢浮宫建造以来所遇到的投资最多的“建筑人”，5年内的建筑比所有的前辈在700年内修建的还要多。3个世纪以前想到的宏伟的设计图留给了拿破仑三世来完成，当它竣工后，卢浮宫变成了皇家庆祝活动的场所，富丽堂皇是拿破仑三世修建任何东西的特点。这样，直到拿破仑三世时，卢浮宫整个宏伟建筑群才告以完成，前后将近600年。

☒ 展馆简介

1793年8月10日，卢浮宫艺术馆正式对外开放，成为一个博物馆。从那时起，这里的收藏不断增加，更不用说拿破仑向那些被征服的国家征用的艺术贡品了。迄今为止，卢浮宫已成为世界著名的艺术殿堂。

据统计，目前卢浮宫宫殿共收藏有40

多万件来自世界各国的艺术珍品。法国人将这些艺术珍品根据其来源地和种类分别在六大展馆中展出，即东方艺术馆、古希腊及古罗马艺术馆、古埃及艺术馆、珍宝馆、绘画馆及雕塑馆。其中绘画馆展品最多，占地面积最大。卢浮宫区有198个展览大厅，最大的大厅长205米。显然，用一天两天的时间根本无法欣赏全部的稀世珍品。因此，如果你要参观卢浮宫，得先制订一个计划，逐个参观六大展馆，切忌仓促地走马观花。如果时间充裕的话，可细细品味；如果时间较紧的话，可选择有代表性的艺术展品观赏。

卢浮宫馆藏虽丰，但慕名而来的观众却难窥庐山真面目。因为它的6个展馆仅在星期一、星期三两天基本全部开放，其余4天轮流开放，星期日只开一半。而且目前的展品仅占全部馆藏的1/3。如仅它的藏画就有15000件，但平时用以出展的不过2000多幅，因此有幸目睹卢浮宫全部珍藏的人寥寥无几。置身于40余万件艺术珍品的包围之中，无论是谁都会面对艺术本身或隐含其中的历史的情绪的沉积浮想联翩——卢浮宫的魅力也正在于此。

☒ 东方艺术馆

东方艺术馆建于1881年，共有24个展厅，3500件展品。这些展品主要来自西亚和北非地区，包括叙利亚、黎巴嫩、巴基斯坦、伊朗等国。这些展品出自十分久远的年代，如公元前2500年的雕像、公元前2270年的石刻、公元前2000年烧制的泥像等。其中带翅膀的牛身人面雄伟雕像（公元前8世纪）最为有名，曾在杜尔·沙鲁金（现为伊拉克赫尔沙巴德）守卫过亚述国王萨尔贡二世的宫殿大门。这些巨大的牛身人面像来到法国经历过一段曲折的历史。1843年，法国人保罗－埃米尔·博塔发现

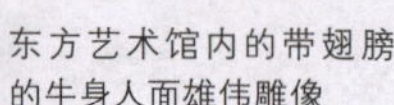

东方艺术馆内的带翅膀的牛身人面雄伟雕像

了这些雕像，冒着各种危险将它们运到巴黎。其中两个雕像于 1847 年陈列在卢浮宫内的世界上第一个亚述博物馆中，第三个雕像在浅盐湖的船舶失事中幸免于难，于 1856 年运到巴黎。第四个雕像则沉入湖底，是用石膏塑像替代的，第五个雕像是唯一头部转向参观者的公牛。在“东方古文博物馆”第四厅，有一件我们比较熟悉的文物：《汉谟拉比法典》，该法典出自公元前 2000 年左右的巴比伦，共 282 条，以楔形文字刻在一块黑色玄武岩上。玄武岩高 2.5 米，中部为 282 条法令全文，上部的人物像是坐着的司法之神向站着的汉谟拉比国王亲授法律，国王则右手致答谢，以示对神授的法律表示尊敬。

☒ 古埃及艺术馆

古埃及艺术馆建立于 1826 年，早于东方艺术馆，共有 23 个展厅，收藏珍贵文物达 350 件。这些文物包括古代尼罗河西岸居民使用的服饰、装饰物、玩具、乐器等。这里还有古埃及神庙的断墙、基门、木乃伊和公元前 2600 年的人头塑像等。

☒ 古希腊与古罗马艺术馆

古希腊与古罗马艺术馆建成的时间更早，大约在 1800 年向公众展出，其藏品更多，大约有 7000 余件。古希腊与古罗马艺术馆的藏品以法国王室的收藏品为基础。拿破仑率领的法军在意大利获胜后，劫获了许多意大利的古代艺术品，将之运回法国充实卢浮宫。后来，法国又从各方面不断丰富里面的收藏品。雕塑在该馆内占有主导的地位，雕塑品包括大理石、铜、象牙等。在古希腊和古罗马艺术馆中，有两件备受世人赞美的最瞩目的不朽作品，一是“萨姆特拉斯的胜利女神”，二是爱神“维纳斯”。

狮身人面像

☒ 古埃及馆

“萨姆特拉斯的胜利女神”创作于公元前 3 世纪，高 3.28 米，站在一座石墩上，是座无头无手的雕像，1863 年从萨姆特拉斯岛的神庙废墟中发掘出来。该雕像尽

管已失去了手和头，但看得出她正迎风展翅，昂首挺胸，向世人宣告一场战争的胜利。根据研究，这是雕塑家为纪念希腊罗地岛的一场胜利海战而制作的。胜利女神迎风微微前倾身躯，健美的胸部披着薄薄的长袍，体魄健壮而又不失轻灵，富有质感。女神虽然失去了头部和双臂，但在人们的眼里它仍是完整完美的。现在，胜利女神每天受到成千上万人的瞻仰，成为已知雕像中表现热情奔放与动态的最完美的作品。“维纳斯”对于人们来说更加熟悉了。她身高 2.02 米，创作于公元 2 世纪。她是希腊的美神，不知倾倒了多少崇拜者，她的周围每天挤满了观众。她半裸着身躯，极为端庄、自然，被认为是表现女性美最杰出的作品。

“维纳斯”能收藏在卢浮宫是很偶然的。1820 年，希腊爱琴海米洛岛上的一位农民在挖土时发现了一尊美神。消息传出，正好有一艘法国军舰泊在米洛港，舰长得知消息后立即赶到现场，想买下，却没有现金。结果，“维纳斯”被一位希腊商人买下，并准备运往君士坦丁堡。眼见宝物就要失去，法国人不甘心，立即驱舰前去阻拦。双方发生了混战，结果使珍品遭到损坏，雕像的双臂被打碎。双方争执不下，后由米洛地方当局出面解决，由法国人用钱买下雕像，贡献给法国国王。就这样，“维纳斯”被运到法国，在当时立即引起轰动。

☒ 绘画馆

卢浮宫绘画馆所收藏的绘画之全、之珍贵是世界上各艺术馆不能比拟的。绘画馆共有 35 个展厅，2200 多件展品，其中三分之二是法国画家的作品，三分之一来自外国画家，14—19 世纪的各种画派的作品均有展出。比较杰出的作品有：富凯的《查理七世像》（15 世纪）、达·芬奇的《岩间圣母》（16 世纪）、拉斐尔的《美丽的园丁》（16 世纪）、勒南的《农家》（17 世纪）、

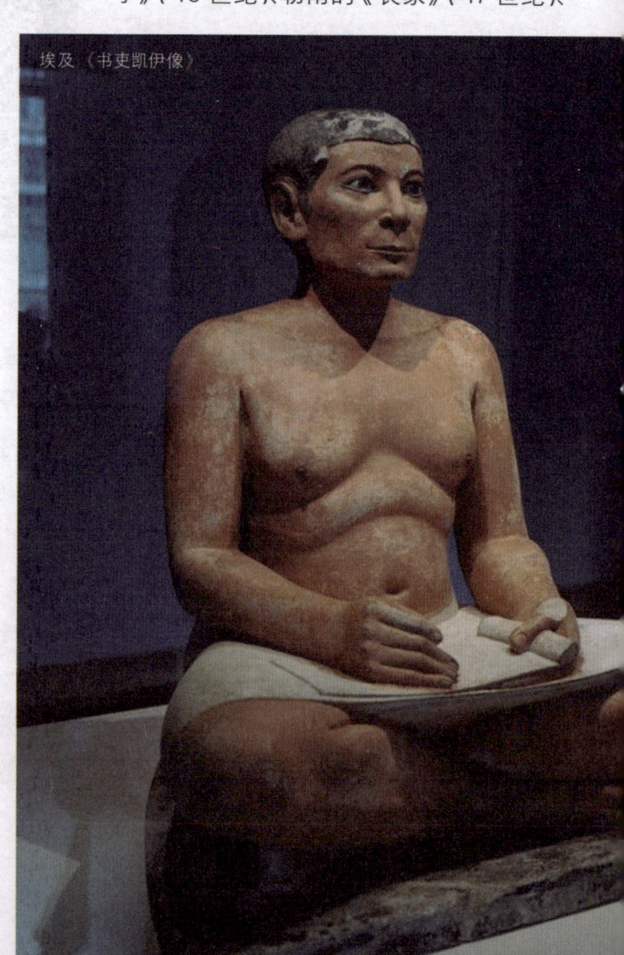
埃及《书吏凯伊像》

卢浮宫雕塑馆一角

里戈的《国王路易十四像》(18 世纪)、路易·达维德的《拿破仑一世在巴黎圣母院加冕大典》(19 世纪)、德拉克鲁瓦的《肖邦像》(19 世纪)、安格尔的《土耳其浴室》(19 世纪)等。所有绘画作品中,最为杰出、最受人瞩目的自然是达·芬奇在 1503 年完成的不朽杰作《蒙娜丽莎》。《蒙娜丽莎》被置放在卢浮宫二楼中间的一个大厅中,外面用玻璃罩着,显然是特别的保护。玻璃罩周围射出的柔和的灯光,足以使观众看清画面的各个细节。《蒙娜丽莎》又称《永恒的微笑》,被认为是西欧画史上首幅侧重心理描写的作品。蒙娜丽莎端庄俊秀,脸上含着深沉、温和的微笑。那微笑有时让你觉得温文尔雅,令人陶醉;有时仿佛内含哀愁,似显凄楚;有时又略呈揶揄之状,虽美丽动人却又有点不可接近……更奇妙的在于,在这幅名画之前,不论你从哪个角度看,她那温和的目光总是微笑地注视着你,生动异常,仿佛她就在你身边。

⊠ 雕塑馆

雕像馆成立于 1817 年,共有展厅 27 个,展品 1000 多件,多为表现宗教题材的作品,部分为表现人体和动物的作品。在这里可以看到着色髹金的木刻《基督受难头像》、《十字架上的耶稣》、《圣母与天使》、意大利的雕塑《圣母与孩童》、17 世纪的《童年时期的路易十四》、18 世纪的

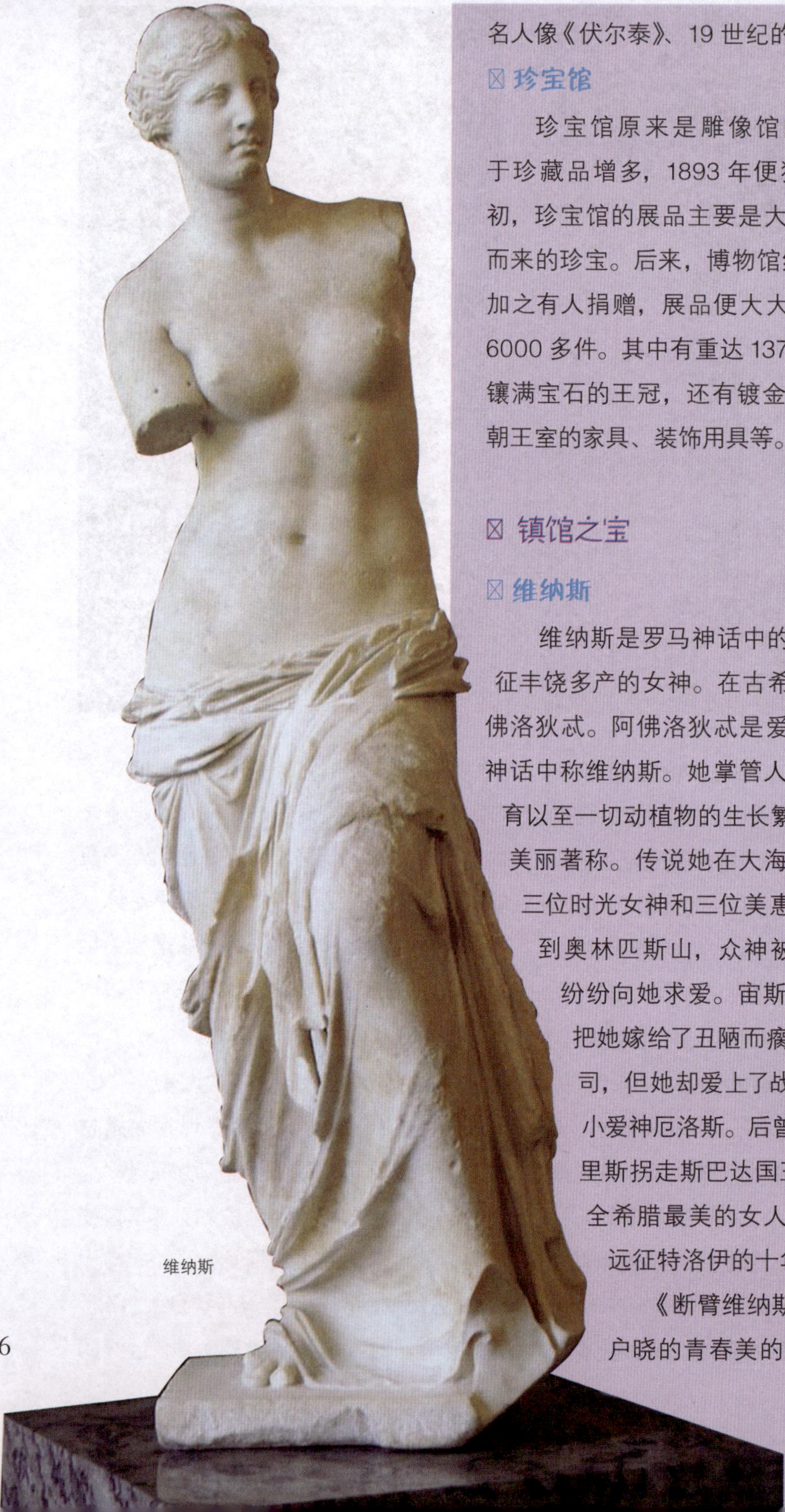

名人像《伏尔泰》、19 世纪的群塑《舞蹈》等。

☒ 珍宝馆

珍宝馆原来是雕像馆的一部分，后来由于珍藏品增多，1893 年便独立组成展馆。最初，珍宝馆的展品主要是大革命时从王室没收而来的珍宝。后来，博物馆组织人马到处收购，加之有人捐赠，展品便大大丰富，现在有展品 6000 多件。其中有重达 137 克拉的大钻石，有镶满宝石的王冠，还有镀金的圣母像、历代王朝王室的家具、装饰用具等。

☒ 镇馆之宝

☒ 维纳斯

维纳斯是罗马神话中的爱与美神，也是象征丰饶多产的女神。在古希腊神话中，称为阿佛洛狄忒。阿佛洛狄忒是爱与美的女神。罗马神话中称维纳斯。她掌管人类爱情、婚姻、生育以至一切动植物的生长繁殖。生于海中，以美丽著称。传说她在大海的泡沫中诞生，在三位时光女神和三位美惠女神的陪伴下，来到奥林匹斯山，众神被其美丽容貌吸引，纷纷向她求爱。宙斯在遭其拒绝后，遂把她嫁给了丑陋而瘸腿的火神赫斐斯塔司，但她却爱上了战神阿瑞斯，并生下小爱神厄洛斯。后曾帮助特洛伊王子帕里斯拐走斯巴达国王墨涅拉俄的妻子、全希腊最美的女人海伦。引起希腊人远征特洛伊的十年战争。

维纳斯

《断臂维纳斯》已经是世界家喻户晓的青春美的女神雕像。大理石

雕，高 204 厘米。相传是古希腊亚历山德罗斯于公元前 150 年至前 50 年雕刻的。其雕像于 1820 年 2 月发现于爱琴海的希腊米洛斯岛一座古墓遗址旁，是一尊手臂残缺的大理石雕塑。为半裸全身像，面容俊美，身材匀称，衣衫滑落至髋部，右臂残缺，仍展示出女性特有的曲线美，显得端庄而妩媚。法国重金收买后陈列在卢浮宫特辟的专门展室中，以其绝世魅力震动了世界，从此，“断臂维纳斯”就著称于世，成为爱与美的象征。

☒ 胜利女神

胜利女神

女神的形象表现出古典希腊女性的典型特征：椭圆的脸，笔直的鼻梁，丰满的前额，稍翘的嘴角，润滑的下巴。神情端庄、娴静、凝重，体形修长，左腿微曲，显露了曲线的起伏节奏。她丰满而圣洁，柔媚而单纯，优雅而高贵，充溢着青春与生命的意趣，这是灵与肉的完美统一，是爱与美的和谐圆融，是神与人的自然合一，构成了人体美的宇宙，是人类追求女性美的理想化标志。法国雕塑大师罗丹赞叹说：“这简直是真的肌肉，抚摸她可以感到体温的！”

胜利女神的头和手臂都已丢失，但仍被认为是古希腊雕塑的杰作，不论从哪个角度，观赏者都能看到和感受到胜利女神展翅欲飞的雄姿。她上身略向前倾，那健壮丰腴、姿态优美的身躯，高高飞扬的雄健而硕大的羽翼，都充分体现出了胜利者的雄姿和欢乎凯旋的激情。海风似乎正从她的正面

吹过来，薄薄的衣衫隐隐显露出女神那丰满而富有弹性的身躯，衣裙的质感和衣褶纹路的雕刻令人叹为观止。向后飘扬的衣角和展开的双翅构成了极其流畅的线条，腿和双翼的波浪线则构成一个钝角三角形，加强了前进的态势。

☒ 蒙娜丽莎

《蒙娜丽莎》是一幅享有盛誉的肖像画杰作，它代表达·芬奇的最高艺术成就，成功地塑造了资本主义上升时期一位城市有产阶级的妇女形象。画中人物坐姿优雅，笑容微妙，背景山水幽深茫茫，淋漓尽致地发挥了画家那奇特的烟雾状“空气透视”般的笔法。画家力图使人物的丰富内心感情和美丽的外形达到巧妙的结合，对于画像面容中眼角、唇边等表露感情的关键部位，也特别着重掌握精确与含蓄的辩证关系，达到神韵之境，从而使蒙娜丽莎的微笑具有一种神秘莫测的千古奇韵，那如梦似的妩媚微笑，被不少美术史家称为“神秘的微笑”。

蒙娜丽莎

☒ 建筑结构

卢浮宫博物馆闻名天下，不仅仅在于她的展品之丰富、之珍贵，更在于博物馆本身是一座杰出的艺术建筑。卢浮宫东立面是欧洲古典主义时期建筑的代表作品。据统计，卢浮宫博物馆包括庭院在内占地19公顷，自东向西横卧在塞纳河的右岸，两侧的长度均为690米，整个建筑壮丽雄伟。用来展示珍品的数百个宽敞的大厅富丽堂皇，大厅的四壁及顶部都有精美的壁画及精细的浮雕，处处都是呕心沥血的艺术结晶，让人叹为观止。参观这座艺术殿堂也够得上一次难以忘怀的美好享受。在卢浮宫几百年的历史发展过程中，最初一直是比较分散的建筑群，并没有像今天这样形成一个整体。

这种情况到1981年后得到了改变，1981年9月，弗朗索瓦·密特朗在当选为法兰西共和国总统后举行的一次记者招待会上许诺："让卢浮宫恢复原来的用途"，这指的是让财政部搬出"黎塞留侧翼"。"黎塞留侧翼"建于1852—1857年间，长195米，宽80米，是卢浮宫的一个组成部分，自1871年以来一直由财政部占据。1989年7月当时的财政部长爱德华·巴拉迪尔在再三请求下方才离开这赏心悦目的地方。"黎塞留侧翼"的收回及开放，一下子使卢浮宫增加了2.15万平方米的展览面积、3个庭院和165个新展厅，共展出艺术品1.2万件，其中3000件是从存放室取出的，卢浮宫博物馆的展品由此大大增加。

⊠ 卢浮宫金字塔

密特朗总统对卢浮宫博物馆做出的另一贡献是邀请著名的美籍华裔建造师贝聿铭为博物馆设计新的入口处。贝聿铭先生经过深思熟虑，提出建造一个"金字塔"的方案。这座"金字塔"为卢浮宫博物馆，也为巴黎市增加了新的耀眼的光彩。有了这座"金字塔"，观众的参观线路显得更为合理。观众在这里可以直接去自己喜欢的展厅，而不必像过去那样去一个展厅而要穿过其他几个展厅，有时甚至要绕行七八百米。一个现代的博物馆，后勤服务设施一般占总面积的一半。过去卢浮宫博物馆只有20%的面积用于后勤。有了这座"金字塔"，博物馆便有了足够的服务空间，包括接待大厅、办公室、贮藏室以及售票处、邮局、小卖部、更衣室、休息室等，卢浮宫博物馆的服务功能因此而更加齐全。

卢浮宫金字塔

有关卢浮宫的电影

《卢浮魅影》

美丽的姑娘丽莎和祖母一同居住在卢浮宫对面的大楼里，卢浮宫养修工程竟然无意中把她们所在大厦的电梯间打通了。于是丽莎进入卢浮宫变得易如反掌。一次为了追家猫，丽莎进入了卢浮宫。不巧又走进了科学家们研究古埃及木乃伊的实验室，她哪里知道此时此刻，卢浮宫里一具木乃伊鬼魂正在注视着美丽的她，而且在双目对视的瞬间，鬼魂进入了她的身体……

《达·芬奇密码》

哈佛大学宗教符号学教授罗伯特·兰登到巴黎公干期间突然接到通知卢浮宫馆长遭人谋杀，而在博物馆内，尸体旁边留下了一个令人困惑的密码。兰登教授与法国美女密码专家苏菲在整理分析谜团的过程中，惊讶地发现在达·芬奇的作品中藏有一连串令人震惊的线索。这些线索人人可见，却被画家巧妙地伪装，加以隐藏……

《阿黛拉的非凡冒险》

故事发生在 1912 年，阿黛拉·干白，一位天不怕地不怕的女记者。为了救她的妹妹，天涯海角都勇往直前，哪怕意味着去埃及和各式各样的木乃伊展开对决。正当她将木乃伊运送到巴黎时，自然历史博物馆中，更大的危机却在酝酿着。自然历史博物馆中一只 1.36 亿年前的翼龙卵，神秘地孵化了。整个城市，笼罩在恐怖的天空下。但没有什么能阻挡阿黛拉的脚步，她在冒险的旅程中将揭开更多不可思议的秘密……

LOUISE BOURGOIN

MATHIEU AMALRIC

GILLES LELLOUCHE

JEAN-PAUL ROUVE

LES AVENTURES EXTRAORDINAIRES D'Adèle BLANC-SEC

UN FILM DE LUC BESSON

S ALBUMS «LES AVENTURES EXTRAORDINAIRES D'ADELE BLANC-SEC» DE TARDI EDITIONS CASTERMAN

贵族之后——大不列颠博物馆 >

大英博物馆(British Museum),又名不列颠博物馆,位于英国伦敦新牛津大街北面的大罗素广场,成立于1753年,1759年1月15日起正式对公众开放,是世界上历史最悠久、规模最宏伟的综合性博物馆,也是世界上规模最大、最著名的博物馆之一。博物馆收藏了世界各地的许多文物和图书珍品,藏品之丰富、种类之繁多,为全世界博物馆所罕见。目前博物馆拥有藏品600多万件。由于空间的限制,目前还有大批藏品未能公开展出。

发展历史

1753年，收藏家汉斯·斯隆（Hans Sloane 1660—1753年）爵士去世后，按照其遗嘱将遗留下来的71000件个人藏品及大批植物标本及书籍、手稿全部捐赠给国家。这些藏品最后被交给了英国国会。在通过公众募款筹集建筑博物馆的资金后，大英博物馆最终于1759年1月15日在伦敦市区附近的蒙塔古大楼对公众开放。

博物馆在开放后通过英国人在各地的各种活动攫取了大批珍贵藏品，早期的大英博物馆倾向于收集自然历史标本，但也有大量文物、书籍，因此吸引了大批参观者。

1824年博物馆在蒙塔古大楼北面建造一座新馆，并在19世纪40年代完成，旧蒙塔古大楼不久后便被拆除。新馆建成后不久又在院子里建了对公众开放的圆形阅览室。

由于空间的限制，1880年大英博物馆将自然历史标本与考古文物分离，大英博物馆专门收集考古文物。1900年，博物馆再次重新划分，将书籍、手稿等内容分离组成新的大英图书馆。

⊠ 建筑规模

该馆的主体建筑在伦敦的布隆斯伯里区，核心建筑占地约 56000 平方米。博物馆正门的两旁，各有 8 根又粗又高的罗马式圆柱，每根圆柱上端是一个三角顶，上面刻着一幅巨大的浮雕。整个建筑气魄雄伟，蔚为壮观。

大中庭（Great Court）位于大英博物馆中心，于 2000 年 12 月建成开放，目前是欧洲最大的有顶广场。广场的顶部是用 1656 块形状奇特的玻璃片组成的，广场中央为大英博物馆的阅览室，对公众开放。

英国国家博物馆目前分为 10 个分馆：古近东馆、硬币和纪念币馆、埃及馆、民族馆、希腊和罗马馆、日本馆、中世纪及近代欧洲馆、东方馆、史前及早期欧洲、版画和素描馆以及西亚馆。

现有建筑为 19 世纪中叶所建，共有 100 多个陈列室，面积六七万平方米，共藏有展品 400 多万件。除了欣赏展品外，游客还可以领略英国人在博物馆设计方面的过人之处。大英博物馆历史上除了 1972 年的几个月外，一直都是免费对公众开放的。

⊠ 主要馆藏

馆藏品最初来源于英王乔治二世的御医、收藏家汉斯·斯隆爵士收藏的 8 万余件文物和标本。1823 年，英王乔治九世捐赠了他父亲的大量藏书。开馆以后的 200 多年间，继续收集了英国本国及埃及、巴比伦、希腊、罗马、印度、中国等古老国家的文物。

古埃及艺术品是英国国家博物馆最富盛名的收藏，其数量仅次于埃及博物馆，拥有大量精品，如著名的罗赛塔石碑、亚尼的死亡之书、拉美西斯二世胸像等，是古埃及艺术中最杰出的作品之一。希腊罗马部的收藏是另一个亮点。来自于雅典帕特农神庙的命运三女神雕像群、帕特农神庙建筑遗迹，均为大英博物馆最令人神往的艺术珍品。大英博物馆里最引人注目的要数东方艺术文物馆。该馆有来自中国、日本、印度及东南亚国家的文物十多万件。其中，中国陈列室就占了好几个大厅，

展品从商周的青铜器，到唐代的瓷器、明清的金玉制品。仅来自中国的历代稀世珍宝就达 2 万多件，其中绝大多数为无价之宝。如中国各朝代的绘画、刺绣，各个时期的出土文物、唐宋的书画、明清的瓷器等等，其中最名贵的为《女史箴图》、宋罗汉三彩像、敦煌经卷和宋、明名画。商朝铜尊为两只连体的绵羊，中间驮着一个圆形的尊筒，造型非常美观、精巧。还有一只宋朝的瓷酒壶，底座和壶周围是一朵荷花，壶盖上坐着一只狮子，更是难得的珍品。博物馆后门的两只大石狮也是从中国运去的。

☒ 著名藏品

埃及罗塞塔碑（Rosetta Stone，拿破仑在埃及溃败后，英国获得的一批埃及文物中最珍贵的一个）

雅典帕特农神庙的大理石雕刻（1816 年获得，希腊人目前要求归还）

法老阿孟霍普特三世头像（Amenhotep）（1823 年购得）

特美西斯二世头像（Ramesses）（1818 年由英国驻埃及总领事捐献）

弗兰克斯首饰盒（Franks）（1867 年获得）

波特兰花瓶（Portland Vase）

《女史箴图》局部

☒ 中国馆

英国国家博物馆的33号展厅是专门陈列中国文物的永久性展厅，与古埃及、古希腊、古罗马和印度展厅一样是该博物馆仅有的几个国别展厅之一。该馆收藏的中国文物囊括了中国整个艺术类别，一言以蔽之，远古石器、商周青铜器、魏晋石佛经卷、唐宋书画、明清瓷器等标刻着中国历史上各个文化登峰造极的国宝在这里皆可见到，且可谓门类齐全，美不胜收。

然而，这仅仅是英国国家博物馆收藏的2.3万件中国历代稀世珍宝中的一部分，另外的十分之九都存放在10个藏室中，除非得到特别许可，一般游客是无缘谋面的。

某些藏品，如东晋顾恺之《女史箴图》的唐代摹本只有特别的专家才可获得机会一饱眼福。《女史箴图》是当今存世最早的中国绢画，是尚能见到的中国最早专业画家的作品之一，在中国美术史上具有里程碑的意义，一直是历代宫廷收藏的珍品。现在世界上只剩两幅摹本，其一为宋人临摹，被北京故宫博物院收藏，笔意色彩皆非上品。另一幅就是英国国家博物馆中的这件摹本。它本为清宫所藏，是乾隆皇帝的案头爱物，藏在圆明园中。1860年，英法联军入侵北京，英军从圆明园中盗出并携往国外。1903年被大英博物馆收藏，成为该馆最重要的东方文物，称之为“镇馆之宝”毫不为过。

在中国厅中央墙上有几十平方米的敦煌壁画，其割痕虽犹可见，却难掩其久远的鲜丽及三位“浓丽丰肥”菩萨的雍容华贵。大英博物馆收藏的国宝级敦煌画卷及经卷多以万计，除了这幅壁画，其他藏品在中国厅内却难觅踪迹。

1856年到1932年间，多个所谓的“西方探险家”以科学考察为名深入中国西北地区达60多次，每次都掠走大量的文献文物。其中，尤以1907年匈牙利人斯坦因和法国人伯希在敦煌藏经洞劫掠的文物最多。

自由的张力——大都会艺术博物馆 >

大都会艺术博物馆，Metropolitan Museum of Art是美国最大的艺术博物馆，也是世界著名博物馆。位于美国纽约第五大道上的82号大街，与著名的美国自然历史博物馆遥遥相对。共收藏有330余万件展品，现在是世界上首屈一指的大型博物馆。

随着藏品的不断增加，该馆经历了多次扩建，整幢大楼凝聚着各个时期不同的建筑风格，占地总面积达13万平方米。目前藏有埃及、巴比伦、亚述、远东和近东、希腊和罗马、欧洲、非洲、美洲前哥伦布时期和新几内亚等各地艺术珍品 330余万件。包括古今各个历史时期的建筑、雕塑、绘画、素描、版画、照片、玻璃器皿、陶瓷器、纺织品、金属制品、家具、古代房屋、武器、盔甲和乐器。有19个专业部门负责各类藏品的征集、保管和展览。

该馆的展览大厅共有3层，分服装、希腊罗马艺术、原始艺术、武器盔甲、欧洲雕塑及装饰艺术、美国艺术、R.莱曼收藏品、古代近东艺术、中世纪艺术、远东艺术、伊斯兰艺术、19世纪欧洲绘画和雕塑、版画、素描和照片、20世纪艺术、欧洲绘画、乐器和临时展览18个陈列室和展室。

☒ 历史沿革

纽约大都会艺术博物馆(Metropolitan Museum of Art)是美国最大的博物馆，建于1880年，早在1866年J·杰伊建议成立国家博物馆和美术馆，并组织了委员会进行筹建。整个博物馆是一幢大厦，占地8公顷，为北京故宫博物院的1/9，但展出面积很大，不下24公顷，反而是故宫博物院的两倍。仅画廊就有200多个，藏有36.5万件各类文物和艺术品。位于纽约中心公园第五大道82街。1870年1月31日博物馆在纽约第五大道681号原多德沃思舞蹈学校旧址正式建立。1880年迁至现址。

建筑组群

阿斯特庭院

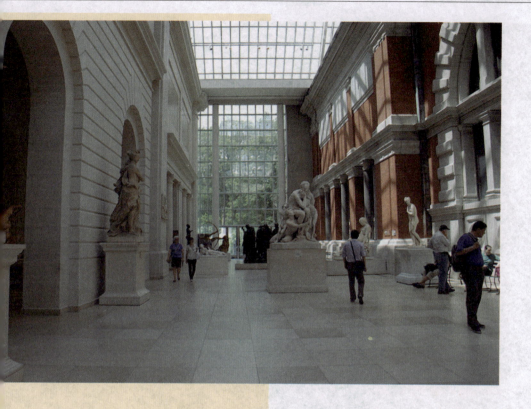

1981 年春，中美合建的以中国苏州网师园殿春簃及其后院为模式的阿斯特庭院在该馆的东翼竣工落成，庭院的殿堂——“明轩”陈列了中国明代家具。

典德尔神殿

埃及政府赠送美国的典德尔神殿陈列在该馆的萨克勒大厅内，这是在埃及以外世界上仅有的一座埃及古神殿，1978 年 9 月正式对外开放。

沃森图书馆

该馆的 T.J. 沃森图书馆于 1964 年建立。藏书 18.5 万余册，是世界上收藏艺术、考古书籍最完善的图书馆之一，供研究生、专业研究人员、访问学者使用。照片、幻灯图书馆藏幻灯片 29 万张，黑白照片 25 万张，彩色照片 6000 张，介绍世界艺术发展史。

隐修院

中世纪的艺术和建筑，包括雕塑、壁画、彩色玻璃、泥金写本、双角兽图案挂毯、圣物箱、圣餐杯、象牙制品、金属器。隐修院内还有修道院、教堂、花园。每天有中世纪音乐会演出，每周举办音乐会。每年观众达 700 万人次。

☒ 馆藏文物

目前藏有埃及、巴比伦、亚述、远东和近东、希腊和罗马、欧洲、非洲、美洲前哥伦布时期和新几内亚等各地艺术珍品330余万件。包括古今各个历史时期的建筑、雕塑、绘画、素描、版画、照片、玻璃器皿、陶瓷器、纺织品、金属制品、家具、古代房屋、武器、盔甲和乐器。有19个专业部门负责各类藏品的征集、保管和展览。在大都会艺术博物馆，按照导游图，可以找到任何一个喜欢的展厅。古巴比伦、埃及、希腊、罗马、欧洲各国、非洲、拉丁美洲等几乎地球仪上每个有标志的地方的代表艺术品，以及原始社会、奴隶社会、欧洲中世纪各个分期、亚洲各大王朝时期、近现代等不同历史阶段的代表艺术品，在大都会艺术博物馆，都有专设的展厅。

在大都会艺术博物馆，有人看到的是展品本身蕴含的历史，有人看到的是展品更易国度的历史，有人从展品中看到它独一无二的艺术价值，有人从展品中看到它

所属时代的艺术特征，有人为了心中的理想前去朝圣，有人为了赫赫的声名一探究竟，有人遗恨无法将浩瀚展品看全，有人感激能够把珍贵藏品亲赏。博物馆还将继续屹立，等待那些能由此获益的人们。

博物馆展出自古代文明至当代的艺术作品，其中有成千上百件世界文明的杰作。博物馆不仅展出绘画和雕刻，还展出花毯、乐器、服装以及装饰品。五大展厅分别是：欧洲绘画、美国绘画、原始艺术、中世纪绘画和埃及古董。

大都会艺术博物馆每年迎接超过500万人次的游客，是纽约市最热门的旅游景点之一。大都会艺术博物馆呈现给每个参观者特别的藏品和展品——从古代埃及的花瓶和罗马的雕像，到蒂凡尼彩色玻璃和伦勃朗的油画，这里几乎是每个人的兴趣之所在。

☒ 欧弗洛尼奥斯陶瓶(Euphronios Krater)

即使是十分刻意的去避免，有些博物馆仍旧难以摆脱被指责使用非正规手段来得取一些罕见的文物，比如欧弗洛尼奥斯陶瓶。这个有 2500年历史，图案精美华丽，用来盛放水与美酒的陶瓶，被大都会艺术博物馆在1972年通过非正规手段以100美元的价格得到。博物馆因得到这个陶瓶而异常的兴奋，因为古代陶艺画家欧弗洛尼奥斯（Euphronios）的作品并不多见，但他们竟以如此低的价格从罗伯特·赫克特（Robert Hecht）手中买到，他也因此被意大利政府以秘密倒卖掠夺文物罪被通缉。所以正当大都会艺术博物馆馆长为陶瓶究竟来自哪里而感到疑惑时，博物馆接到了来自意大利的电话，原来陶瓶是最先在罗马城外发现的，并且意大利方面要求将陶瓶退还。

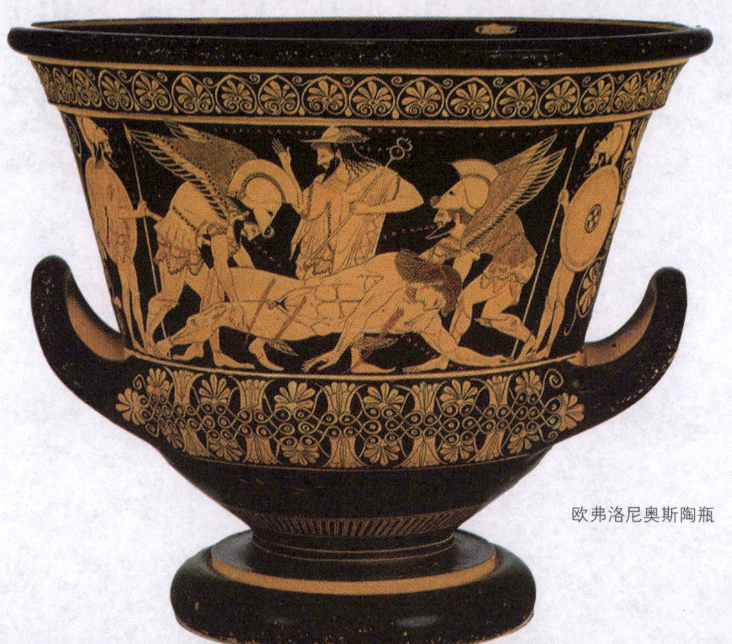

欧弗洛尼奥斯陶瓶

女王的宝石——艾尔米塔什博物馆 >

☒ 艾尔米塔什博物馆简介

艾尔米塔什博物馆里珍藏的历史文物与艺术品，共有 270 多万件，据说，要看完这么多藏品，要花费 27 年的时间。艾尔米塔什原来只是冬宫的一小部分，是 1764 年俄国女皇叶卡捷琳娜二世购置多位名家的绘画作品后，存放于艾尔米塔什内，起名为奇珍楼，经过多年的积累，艾尔米塔什的藏品日渐增多，收藏的种类也不再局限于单一。十月革命以后，整个冬宫归于艾尔米塔什博物馆。

☒ 规模

艾尔米塔什博物馆，是大型艺术与文化历史博物馆。位于俄罗斯圣彼得堡涅瓦河畔。俄国女皇叶卡捷琳娜二世于 1764 年创建，1852 年开放。占地面积 9 万平方米。建筑物包括：冬宫、小艾尔米塔什、旧艾尔米塔什、新艾尔米塔什、冬宫储备库以及可容纳 500 多名观众的艾尔米塔什剧院。“艾尔米塔什”源于法语“幽居之宫”之意 。该馆设 8 个部：原始文化部，古希腊 、罗马世界部，东方民族文化部，俄

罗斯文化史部，钱币部，西欧艺术部，科学教育部和修复保管部。藏品共有 270 多万件，主要是绘画、雕塑、版画、素描、出土文物、实用艺术品、钱币和奖牌。藏品中绘画闻名于世，从拜占廷最古老的宗教画，直到现代的马蒂斯、毕加索的绘画作品，及其他印象派，后期印象派画作应有尽有，共收藏 15800 余幅。其中意大利达·芬奇的两幅《圣母像》、拉斐尔的《圣母圣子图》、《圣家族》、荷兰伦勃朗的《浪子回头》，以及提香、鲁本斯、委拉士贵支、雷诺阿等人的名画均极珍贵。展厅共 353 个。有金银器皿、服装、礼品、绘画、工艺品等专题陈列和沙皇时代的卧室、餐厅、休息室、会客室的原状陈列。其中彼得大帝陈列室最引人注目，成为旅游参观圣地之一。

博物馆在涅瓦河畔规模宏大的建筑本身就是一件巨大的艺术品，对巴洛克风格作了近乎完美的诠释。353 个展厅展示了占艾尔米塔什全部珍宝百分之五的收藏品。虽然只有百分之五，一分钟看一件，不眠不休也得花上一个季度才能看完。

⊠ 历史价值

西欧艺术品可以说是艾尔米塔什藏品中的皇冠，收藏有近 60 万件展品，仅常设展览就用掉了 120 个展厅。皇冠上的明珠毋庸置疑非其中的绘画莫属，叶卡捷琳娜二世最初的收藏就是从绘画开始的。伦勃朗、鲁本斯、提埃波罗、提香、高更、塞尚、梵高、戈雅、雷诺阿、毕加索等画家的名字读一遍，一部完整的西方绘画史就成形了。在其他地方，这些名字中随便哪一个出现在某个画展中都会引起轰动，可在这里不过是“之一”。达·芬奇存世作品只有 10 幅，艾尔米塔什就拥有两幅。还有拉斐尔的名作《科涅斯塔比勒圣母》和《圣家族》。绘画之外的艺术品也很可观，米开朗基罗的雕塑《蜷缩成一团的小男孩》也是这里的收藏。集文艺复兴美术三杰的代表作于一身。

这里还包括 14 万件从公元前 3000 年到公元 4 世纪古希腊、古罗马及其在黑海北岸殖民地的艺术品。俄罗斯文化史部的展品反映了本国千余年的历史，具有浓郁的民族特色。艾尔米塔什的古钱币部是世界最重要的古代钱币收藏机构之一，藏品数量占博物馆全部收藏的三分之一。军械库的收藏是来自俄罗斯、西欧和东方的各种武器和防具，是男士们的挚爱。在东方民族文化艺术部，有大批来自中国的文物，却折射着民族的伤痛，因为它们来自敦煌、黑水城等等。

伏尔泰坐像

丰富，因此参观者如果想要走遍所有全部展厅，恐怕花上一个月的时间都不够。

艾尔米塔什博物馆特色——五六十只住在博物馆地下室的猫，博物馆曾经专门为它们举办展览和音乐会。猫族守护艾尔米塔什的艺术珍品已经有两百多年的历史，做出了巨大贡献，深为博物馆人员和圣彼得堡市民所钟爱。

⊠ 馆藏作品

8 个部共有藏品 270 余万件，包括史前文化和埃及艺术收藏品以及大量意大利、西班牙、德国、英国、俄国、比利时、荷兰和法国的油画及雕刻。其中有 1.5 万幅绘画，1.2 万件雕塑，60 万幅线条画作品，100 万块硬币和证章，22.4 万件古代家具、瓷器、金银制品、宝石与象牙工艺品等。这些工艺品分别陈列在 350 多个展厅中，如毕加索立体画展厅，意、法画家展厅，俄国历代服装展厅等。所有展厅各具特色，同中国故宫一样，该馆藏品异常

《蜷缩成一团的小男孩》

莫高窟壁画伎乐天、千佛

☒ 特点

该馆收藏异常丰富，有各类文物 270 多万件。主要藏品有俄罗斯和各国稀有珍品，古希腊罗马雕塑，西欧中世纪至近代雕塑和绘画；斯基泰艺术品，印象派和后期印象派画作。其中，古罗马雕像《塔夫里卡的维纳斯》、莱奥纳多·达·芬奇的画作《贝诺亚圣母》、伦勃朗的画作《浪子回头》等最著名。

该馆陈列分原始文化史、古希腊罗马文化与艺术、东方民族文化与艺术、俄罗斯文化、西欧艺术史、钱币、工艺 7 个部分。展品按地域、年代顺序陈列于 350 多间展厅。展览线总长 30 公里，有世界最长艺廊之称。每年观众达 350 万人次。

该馆举办各种学术讨论会，编辑出版画册、藏品目录、博物馆指南，定期出版《国

立艾尔米塔什博物馆著作集》、《国立艾尔米塔什博物馆通报》(1939年创刊)。该馆1964年获列宁勋章。

☒ 展厅

最受人关注的展厅要数彼得大帝的展厅，展厅内陈列着彼得大帝生前穿过的服装、佩带过的勋章、使用过的武器以及他的画像等藏品。其中，一些机器和航海用具都为彼得大帝亲手制作。彼得大帝展厅中的那尊仿真人坐像，身高2米，用蜜蜡制成，所用的头发为彼得大帝的真发，重现威震一时、雄霸一方的明君模样。

除了彼得大帝的展厅，叶卡捷琳娜一世、伊丽莎白·彼得罗夫娜、叶卡捷琳娜二世等女皇的闺房也值得一看，豪华布置更是让人诧异。洛可可风格的装饰、曲线勾勒细致，家具华丽精巧，所有的装饰都体现出皇室的奢华与享乐。

艾尔米塔什博物馆以其丰富华丽的收藏闻名于世，成为世界著名的美术、历史、文化相结合的综合性大型博物馆，成为国内外游客流连忘返的地方。

博物馆之最

面积最大的博物馆 >

中国国家博物馆（National Museum of China）位于北京市中心天安门广场东侧，东长安街南侧，与人民大会堂相对称布局，是一座系统展示中华民族文化历史的综合性博物馆，也是世界上最大的博物馆之一。国博藏品数量为100余万件，集收藏、研究、展览于一身。2011年3月1日国家博物馆新馆竣工。

⊠ 博物馆简介

中国历史博物馆的前身为1912年7月9日成立的“国立历史博物馆筹备处”。1949年10月1日，在中华人民共和国成立的同日，更名为“国立北京历史博物馆”，1959年更名为“中国历史博物馆”。中国历史博物馆的前身为1950年3月成立的国立革命博物馆筹备处。1960年正式命名为“中国革命博物馆”。1959年8月，位于北京天安门广场东侧的两馆大楼竣工，为建国十周年十大建筑之一。同年10月1日，在国庆十周年之际，开始对外开放。

国博新馆共有49个展厅，最小的面积700平方米，最大的中央大厅达2000平方米，每年可接待800万至1000万观众。库房容量达到了100万至120万件。还有四个贵宾厅，分别用砖、木、铜、石来装饰，其中的“砖厅”，在我国砖雕的三大流派中选择了苏州砖雕风格。木厅以纯

楠木装饰，是东阳的工艺美术大师陆光正先生精心雕成的。铜厅的正面是一面青铜屏风，上面的铭文选用的是大盂鼎的铭文，则是由铜雕艺术家朱炳仁先生精制而成。

在新馆的屋顶上，设有380个藻井，通过采用我国古代这种特有的建筑结构和装饰布灯、通风、安设吊点，产生华丽的视觉效果。藻井外面的顶上，将来会摆放花坛，和新馆屋顶已经种下的2万平方米绿地及平台上放置的藤椅一起为观众提供北京目前最大的屋顶花园和休闲场所。

与我国现有的博物馆相比较，国家博物馆还会带给观众不一样的变化，即能够得到非常高质量的，文化精神上的一种享受。在历史含量方面，文化底蕴方面也是如此。在风格上，国家博物馆将保持庄严、宏伟的建筑风格，高度概括、浓缩我们的发展历程。展览手段上，将不局限于故有的陈列方式，而是综合运用多种现代化展示方法，如大视屏、大屏幕、超薄电视等多媒体手段，尽量为观众还原历史氛围并增加展览的动感。

☒ 馆藏作品

云南元谋人的牙齿

河南偃师出土的夏代铜爵

商司母戊鼎、妇好墓出土的玉雕和牙雕

战国孙子兵法简牍，战国鄂君启节、曾侯铜冰鉴、武士斗兽纹铜镜、铁双镰范、铜编钟

秦阳陵铜虎符、秦兵马俑和小篆体十二字砖

两汉彩绘兵马俑、金缕玉衣、铜犀尊、绿釉陶楼、陶船、五铢钱文铜鼓、扶风纸、击鼓说唱俑和地动仪（模型）、张骞通西域壁画

三国铜弩机、陶院落、青瓷羊形烛台、陶武官俑、文官俑、陶牛车、陶骆驼，《职贡图》卷、邓县画像砖等

地动仪

世界上最小的国家博物馆 >

梵蒂冈博物馆(The Vatican Museum)位于意大利罗马圣彼得教堂北面，原是教皇宫廷。所收集的稀世文物和艺术珍品，堪与伦敦大英博物馆和巴黎卢浮宫向媲美。总面积5.5万平方米。

广大的梵蒂冈博物馆有六公里的展示空间，著名的西斯汀教堂(Sistine Chapel)就在其中，是欧洲排名第三或第四的艺术殿堂。

梵蒂冈博物馆是西欧收费最贵的博物馆之一，而且开馆时间奇短——当地时间中午13:30就闭馆了。每个月末的周日，梵蒂冈博物馆免票，可以节省下来十几欧元。于是很多游客都会排长队进馆。

梵蒂冈博物馆，是世界上最早的博物馆之一，早在公元5世纪就有了雏形。16世纪时，博物馆与圣彼得大教堂同时扩建，总面积为5.5公顷，为故宫博物院的1/13，展出面积与故宫相仿。

梵蒂冈博物馆，拥有12个陈列馆和5条艺术长廊，汇集了希腊、罗马的古代遗物以及文艺复兴时期的艺术精华，大都是无价之宝。

博物馆奇妙夜

☒ 梵蒂冈博物馆起源

梵蒂冈博物馆的起源可以追溯到 500 多年前购买的一座大理石雕像。这座名为拉奥孔与儿子们的雕像于 1506 年 1 月 14 日在圣母玛利亚主教堂附近的一个葡萄园里发掘出来。教皇儒略二世派（Giuliano da Sangallo）和米开朗基罗去查看发掘成果。在他们的推荐下，教皇当机立断从葡萄园主那里买下了雕像。在发掘出雕像整一个月后，教皇就在梵蒂冈向公众进行了展示。2006 年 10 月梵蒂冈博物馆庆祝建馆 500 周年之际，向公众开放了梵蒂冈山丘上公墓的发掘现场。

☒ 庇奥克里门提诺美术馆

以希腊罗马时代的雕刻最为精彩，名作有《克尼多斯的维纳斯》（Venus of Cnidus）、《沉睡的阿莉亚多尼》（Sleeping Ariadne）、《望楼的阿波罗》（Appool Belvedere）、《劳孔》（Laocoon）、以及《望楼的躯干雕像》（Male Torso）等。

梵蒂冈博物馆一景

☒ 伊突利亚美术馆

以公元前4世纪前的收藏品为主，重要作品有公元前5世纪赤土制的《飞马》、公元前7世纪伊突利亚的青铜《特迪的战神像》、以及公元前4世纪的《黑像式双耳壶》(Black-Figure Amphora)等。

☒ 拉斐尔画室

以天花板壁画《雅典学园》(The School of Athens)驰誉于世，是拉斐尔在25岁左右的作品，四幅主画为:《圣体的争论》、《雅典学园》、《三大德性》和《帕纳索斯山》(Parnassus)。艾略多罗室(Stanza di Eliodoro)的作品以表现神意和奇迹的主题为焦点，《希略多拉斯的放逐》(Expulsion of Heliodorus from the Temple)描绘耶路撒冷遭掠夺的景象、《波

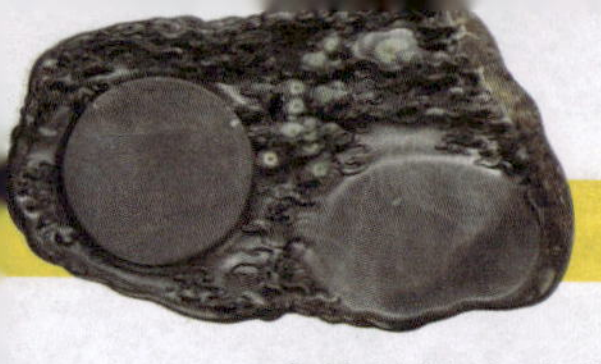

塞纳的神奇弥撒》则表现足与提香媲美的色彩光辉。拉斐尔回廊内的画作取材于旧约圣经，因此又被称为《拉斐尔的圣经》。回廊内最著名的画作为《波尔哥的火灾》(Fire in the Borgo)。

☒ 梵蒂冈画廊

画廊是梵蒂冈美术馆中较新设置的部门，收藏了许多乔凡尼、卡拉瓦乔、拉斐尔和达文西的作品。其中最著名的有拉斐尔的《基督变容图》、达文西的《圣杰洛姆》和卡拉瓦乔的《基督下十字架》。

☒ 西斯廷礼拜堂

米开朗基罗的巅峰画作《创世纪》和《最后的审判》是镇堂之宝，长方形的礼拜堂两侧共有十二幅壁画，左侧六面描写以色列救星摩西的生平；右侧六面描绘耶稣的生平梵蒂冈博物馆的旋式楼梯；通过梵蒂冈博物馆的旋式楼梯可以欣赏到顶棚的《创世纪》，面积 300 平方米，由 9 幅中心画面组成，画出上帝创造世界的过程；《最后的审判》则位于正面壁上，充满绝望阴沉的气息，该画描绘的是世界末日来临时，基督把万民召集在自己面前，分出善恶的

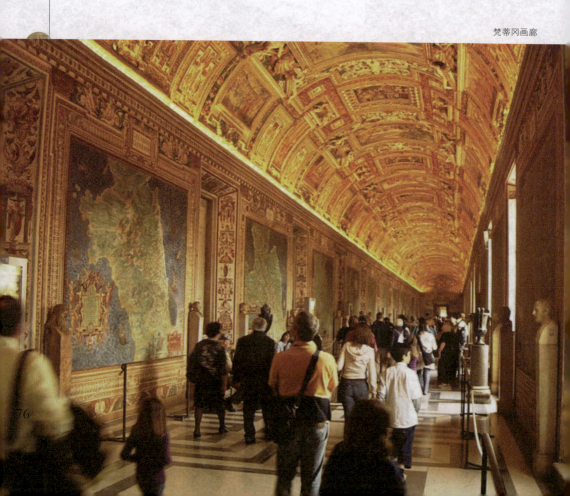

梵蒂冈画廊

情景，艺术家通过上帝分辨善恶，表达了自己爱憎分明的情感。米开朗基罗创作时，工作极为艰苦，谢绝一切助手。由于长期仰面作画，他颈项僵直，导致无法正常直立身体行走，看书读信都要放置在头顶仰视。歌德曾评论说，“没有到过西斯廷礼拜堂的人，无法了解一个人所能做的事。

☒ 主要藏品

卡拉瓦乔的几幅绘画，包括基督下葬(1602—1603)；

莱奥纳多·达·芬奇的肖像画圣哲罗姆；

安吉利柯、乔托、拉斐尔、尼古拉·普桑和提香的绘画作品；

原放置于圣乔凡尼大教堂的红色大理石教宗宝座；

古罗马雕塑、墓碑和碑铭，包括 Lucius Cornelius Scipio Barbatus 的墓志铭；

拉斐尔的大量作品，包括《雅典学院》。

梵蒂冈博物馆出口螺旋梯

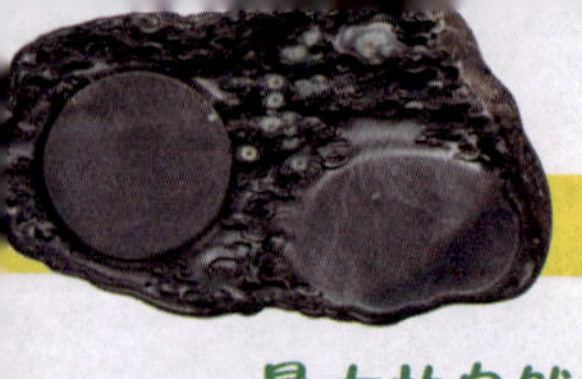

最大的自然历史博物馆 >

伦敦的英国自然博物馆和纽约的美国自然历史博物馆，都被国际上公认为世界上规模最大的自然历史博物馆之列。

☒ 英国自然历史博物馆

英国自然历史博物馆 (Natural History Museum) 位于伦敦市中心西南部、海德公园旁边的南肯辛顿区。博物馆总建筑面积为 4 万多平方米，馆内大约藏有世界各地的 7000 万件标本，其中昆虫标本有 2800 万件。

☒ 历史沿革

美国自然历史博物馆为欧洲最大的自然历史博物馆。原为 1753 年创建的不列颠博物馆的一部分，1881 年由总馆分出，1963 年正式独立。为维多利亚式建筑，形似中世纪大教堂。

☒ 馆藏介绍

英国自然历史博物馆拥有世界各地动植物和岩石矿物等标本约 4000 万号，其中古生物化石标本 700 多万号，图书馆有书刊 50 万种，并保存着大量早期的自然研究手稿和图画等珍贵品。全馆有 20 间大陈列厅，内容包括古生物、矿物、植物、动物、生态和人类等六个方面。中央大厅为现代生命科学陈列厅，用立体景观、展柜介绍进化论和人类学知识。1 层右翼各陈列厅展示古生物化石标本，它展出有鱼龙、蛇颈龙、5 米高的霸王龙、体态极小的新颌龙、尾翼达 17 米的翼龙以及完整的始祖鸟骨骼等；左翼各陈列厅展出现代动物，包括海洋无颈椎动物、鱼类、鸟类及爬

英国自然历史博物馆

行动物。其中以鸟类的陈列最为出色。2 层左侧展出哺乳动物，其中较精彩的是非洲热带草原动物和澳大利亚有袋动物的陈列；右侧陈列矿物、岩石、宝石、大理石并有专室陈列陨石。3 层是现代植物和化石植物的陈列。

☒ 展出世界上最大的鱿鱼

2006 年英国自然历史博物馆展出了一条世界上最大的鱿鱼，引起了众多参观者极大的兴趣。这条鱿鱼长约 9 米。2005 年 4 月，它在福克兰群岛（马尔维纳斯群岛）被捕获，目前在伦敦自然历史博物馆中展出。巨型鱿鱼通常生活在海下 1000 米深处，它们很少被人发现且从来没有被科学家进行过合适的研究。它们通常有 8 只粗“手臂”，外加两条超长的用于捕食的触须。此次展出的这条巨型鱿鱼还拥有一双长约 0.25 米的巨眼。有关巨型鱿鱼的传说很多。早在 1530 年，海员就发现了巨型鱿鱼，并把它们误认为传说中的男性人鱼或海中毒蛇。2011 年 9 月，日本科学家首次拍到巨型鱿鱼的照片。

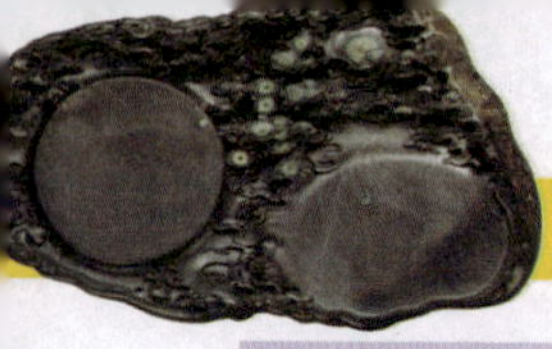

“爱诅咒”的宝石

英国自然历史博物馆中收藏着一块罕见的“德里紫蓝宝石”，然而60年来，这块宝石一直被锁在博物馆的柜子中，因为据称这块宝石携带“诅咒”，它的多任主人都灾难连连。

爱德华·海伦·艾伦及其两个女儿

这块“德里紫蓝宝石”是1857年印度兵变期间被士兵掠夺得到，并被一名叫做W·菲里斯的骑兵上校带到英国。然而，宝石的新主人菲里斯来到英国后，就遭遇了连串厄运，他不但失去了所有金钱，并且还百病缠身。菲里斯的儿子继承了这块宝石后，也遭遇了同样的厄运。菲里斯的一名家庭朋友将这块宝石借去把玩了几天，结果没多久，他就自杀身亡了。

这块价值连城的“德里紫蓝宝石”顿时成了灾祸的象征，人们纷纷谣传它遭到了“诅咒”，任何拥有它的人都会厄运缠身。1890年，英国科学家爱德华·海伦·艾伦得到了这块宝石，成了它的新主人。爱德华本是一名律师和小提琴制作者，但后来却成了一名科学家，对有孔虫类、单细胞水上有机生物深有研究，爱德华还是英国著名作家王尔德的朋友。爱德华得到了这块“德里紫蓝宝石”后，也遭遇了一连串倒霉事。爱德华的两个朋友曾向他借这块宝石回家观赏，结果一个朋友从此屡屡遭遇不幸事件；而另一个朋友是一名歌手，自从她借回这块宝石观看后，她竟突然开始“失声”，从此再也没有唱过歌。

尽管爱德华一开始并不相信什么“魔咒”，但当他的朋友双双遭遇厄运后，爱德华终于一狠心，将这块无价宝石扔进了伦敦摄政运河里，可没想到3个月后，这块宝石又离奇地回到了他手中。原来一艘挖泥船从运河中捞到了这枚宝石，一名商人从船员那儿买下了它，并将它“物归原主”还给了爱德华。1904年，爱德华终于受够了这枚“魔咒宝石”

的阴影，将它寄给了自己的银行管理人，要求银行将它保管起来，直到他死都不要再让他看到。爱德华在 1943 年去世，去世前，他将自己的许多收藏品都捐给了英国自然历史博物馆，爱德华最后在遗嘱中，将那枚“魔咒宝石”也捐给了自然历史博物馆。让博物馆官员意想不到的是，爱德华竟然还在盒子中留下了一张警告性纸条，上面写道：“这块宝石显然受到了诅咒，它上面沾染了鲜血，每个拥有它的人都会失去荣誉。无论谁打开这个盒子，都应该先阅读一下这份警告，然后按自己的意愿处理这块宝石。我对他或她的建议是，他们应该立即将它扔进大海里。”

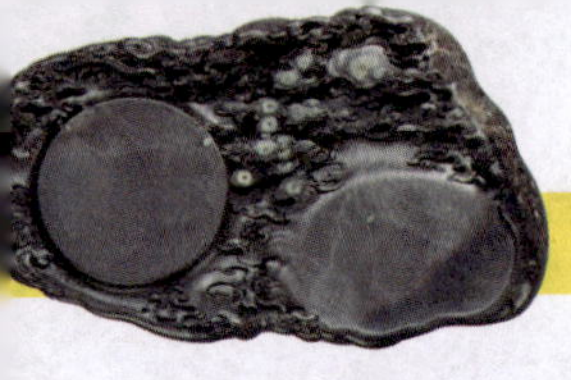

☒ 美国自然历史博物馆

美国自然历史博物馆是世界上规模最大的自然史博物馆，位于美国纽约曼哈顿区，与著名的大都会艺术博物馆遥遥相对，占地面积为 7 公顷。该博物馆是一座综合罗马与文艺复兴样式的雄伟大厦，始建于 1869 年，迄今已有 100 多年的馆史。

☒ 博物馆简介

美国自然历史博物馆是美国最大的自然历史博物馆之一。是一个具有知识性、趣味性的自然历史博物馆，位于中央公园西侧第 79 街。

里面的陈列内容极为丰富，包括天文、矿物、人类、古生物和现代生物 5 个方面，

美国自然历史博物馆

有大量的化石、恐龙、禽鸟、印第安人和因纽特人的复制模型。所藏宝石、软体动物和海洋生物标本尤为名贵。

☒ 馆藏作品

馆藏有3600万余件，具有42个展厅，里面展出了长12米高5米的恐龙骨架、高94英尺的蓝鲸模型、563克拉蓝宝石“印度之星”、重31吨的世界最大陨石等。其外，在自然IMAX巨幕影院和天文馆内观览自然相关的影片和资料。此博物馆包括恐龙化石，展出各种动物、地理、人类、生物相关的展示品，尤其是展现地球生物进化过程的展示品与实际生物难以区分。用真化石组成的重龙，1925年在美国南部海岸狩猎的重150吨蓝鲸的模型，和长19.5米的印第安海战用独木舟，是在此博物馆必看的展示品。该馆是进行野外探险、创造展示自然栖地及动植物生命的实景模型的开路先锋。所收藏的研究标本达3000多万件，化石和昆虫的藏量为世界上最多。所展示的化石恐龙和哺乳动物给人印象尤为深刻。该馆进行人类学、天文

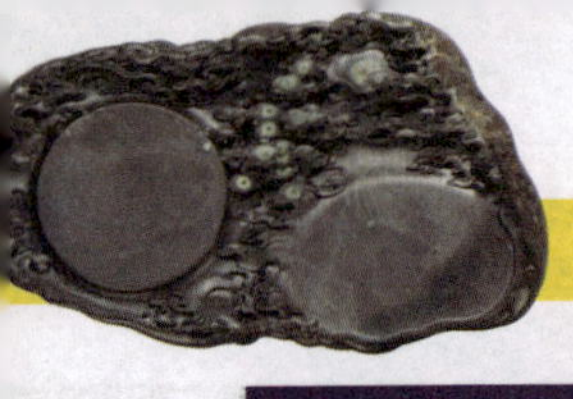

学、昆虫学、爬虫学、鱼类学、无脊椎动物、哺乳动物学、矿物学、鸟类学以及脊椎动物古生物学等的研究。美国自然历史博物馆拥有一座藏书 48.5 万册的自然历史图书馆，还有照片、影片和手稿等藏品。它还为公众举办各种教育活动，出版月刊《自然史》。

☒ 海登天文馆

世界上最大的天文馆之一——海登天文馆是该博物馆的一部分；它还有一个藏书 1 万册的天文图书馆和一个直径 23 米的太空剧场。

☒ 博物馆陈列

陈列范围主要包括天文学、矿物学、人类历史、古代动物和现代动物 5 个方面。有大量的化石、恐龙、禽鸟、印第安人和爱斯基摩人的复制模型。所藏宝石、软体动物和海洋生物标本尤为名贵。

有 500—1500 平方米大小陈列厅 38 个。此外还有罗斯福纪念厅，纪念 T·罗斯福总统对该馆事业的支持。此厅也用于举办特展，展出自然科学的重要新发现及与时事、社会问题和市民生活有密切关系的专题。还有供业余爱好者进行各种科学活动的实验室、自然科学中心和市民中心。该馆有 10 多个学科研究部，主管标本采集、研究和出版工作。

博物馆正门有座戎马一身的西奥

多·罗斯福的塑像。这座雄伟的塑像是为纪念老罗斯福对于保护自然的贡献而塑的，里面进门的右侧还有罗斯福纪念大堂，在美国历史上，罗斯福被誉为现代美国之父（1901—1909 年间任美国总统）和保护自然资源之父，因为他完整地提出了有关保护、利用和开发自然资源的主张并在他总统任期开辟了大量自然资源保护区。

博物馆分四层参观。第一层有北美森林、生态百态展览厅、哥茨曼地球展览厅、纽约州环境馆、海洋生物、北美哺乳类动物、哺乳类动物展览厅、西北海岸印第安人馆、人类生态学与进化馆、若斯陨石纪念厅、摩根宝石纪念展览厅、古根亨利矿物展览厅等。其中每一部分的构思和布置均雄奇壮观，如进门大厅中央即陈列巨型八头大小象标本，四周为狮虎鹿豹等兽类标本，动态如生。

在二楼，有亚洲哺乳类动物、罗斯福厅、惠特尼海鸟纪念展览厅、斯托特亚洲人种展览厅、阿克莉非洲哺乳动物展览厅、非洲人种展览厅、世界鸟类展览厅、墨西哥和中美洲展览厅、南美人种展览厅等。

在三楼，有爬行类动物和两栖类动物馆、阿克莉非洲哺乳动物类展览厅、纽约市鸟类、纽约州哺乳类动物、灵长类馆、查普曼北美鸟类展览、东部林地及北美印第安人展览馆、米德太平洋人种展览厅等。

在四楼，有华莱士哺乳类动物及其灭绝同类展览、原始哺乳类动物、鸟类恐龙

厅，这里巨大的恐龙骨架顶天立地。还有密尔斯坦高级哺乳类动物展览厅、蜥蜴类恐龙厅、脊椎动物起源厅等。

☒ 巨幅太空照片展览

美国自然历史博物馆2005年向公众展示了两幅由哈勃太空望远镜拍摄的巨幅太空照片，以纪念哈勃太空望远镜15岁生日。这两幅巨幅太空照片一个显示的是涡状星系M51，另一个显示的是形状奇特的天鹰座星云。两幅照片的尺寸分别是10x7英尺和10x5英尺。为太空照片揭幕的该馆天体物理部馆长麦克·沙拉曾参与当年哈勃太空望远镜的研制发展，他指出，在哈勃望远镜15岁生日时，展示它拍摄的人类迄今为止观测到的宇宙最深处的照片，是最有意义的庆祝方式。

哈勃太空望远镜于1990年4月25日发射升空，目的是在地球大气层外的地

涡状星系M51

球轨道上对太空进行观测拍摄，以降低大气层对观测的扭曲效应。15 年中，哈勃太空望远镜累计已经绕地球运行约 30 亿英里，拍摄到的照片的清晰度非常高，堪称是人类历史上最具科学成就的太空装置。自哈勃太空望远镜投入使用以来，科学家已经通过它拍摄了 70 多万张各类天体的图像，其中包括一些数百亿年前就存在的星系照片。

☒ 中国龙形象展览

2007 年 5 月 22 日，纽约著名的美国自然历史博物馆对媒体预展了名为“神秘造物：龙、独角兽和美人鱼”的专题展览。一条全长达 36 米多的中国舞龙道具悬挂在展区上方，十分引人注目。该展览通过各种模型以及文物展示了来自亚洲、欧洲、美洲、非洲等不同文化背景和神话传说中的龙、独角兽和美人鱼等多种形象。

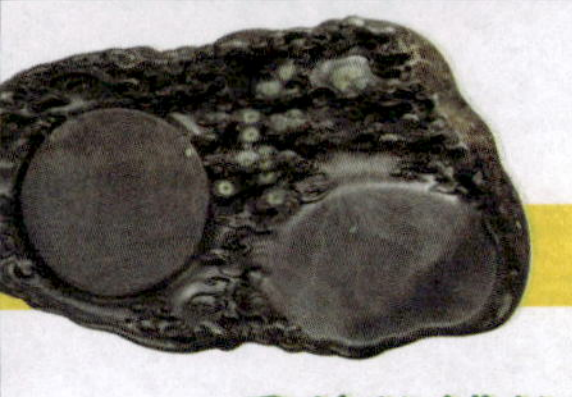

最美的博物馆 >

1997年，一座石破天惊的建筑杰作在西班牙中等城市毕尔巴鄂横空出世，它以奇美的造型、特异的结构和崭新的材料立刻博得举世瞩目，被报界惊呼为“一个奇迹”，称它是“世界上最有意义、最美丽的博物馆。”它就是古根海姆艺术博物馆。

古根海姆艺术博物馆选址于城市门户之地——旧城区边缘、内维隆河南岸的艺术区域，一条进入毕市的主要高架通道穿越基地一角，是从北部进入城市的必经之路。从内维隆河北岸眺望城市，该博物馆是最醒目的第一层滨水景观。面对如此重要而富于挑战性的地段，设计师富兰克·盖里给出了一个迄今为止建筑史上最大胆的解答：整个建筑由一群外覆钛合金板的不规则双曲面体组合而成，其形式与人类建筑的既往实践均无关涉，超离任何习惯的建筑经验之外。在盖里魔术般的指挥下，建筑，这一章已凝固了数千年的音乐又重新流动起来，奏出令人瞠目结舌的声响。

☒ 建设初衷

1991 年，西班牙北部城市毕尔巴鄂市政府与古根海姆基金会共同做出了一项对城市未来发展影响极为深远的决定：邀请美国建筑大师富兰克·盖里为该市即将兴建的古根海姆博物馆进行建筑设计。毕尔巴鄂市始建于 1300 年，因优良的港口而逐渐兴盛，在西班牙称雄海上的年代成为重要的海港城市，17 世纪开始日渐衰落。19 世纪时，因出产铁矿而重新振兴，但 20 世纪中叶以后再次式微，1983 年的一场洪水更将其旧城区严重摧毁，整个城市雪上加霜，颓势难挽，虽百般努力却苦无良策。20 世纪 90 年代初，毕尔巴鄂已沦为欧洲籍籍无名的蕞尔小城，若非该市球队在西甲联赛中尚占有一席之地，绝大部分人可能终身无缘听闻该市之名。为城市复兴大计，毕市政府决议发展旅游业，但该市历史不长、名头不响、风俗不奇、景色不佳，兼乏名人旧迹，各种可能的旅游资源欠奉，如何吸引外埠人士前来观光成为头号难题。多方问计之下，终于决定兴建一家现代艺术博物馆，寄希望于欧洲众多艺术爱好者的“文化苦旅”。而纽约古根海姆博物馆向为收藏现代艺术的重镇，其基金会早有向欧洲拓张之意，双方一拍即合，要将新的博物馆营造成当代的艺术奇迹。

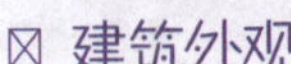

☒ 建筑外观

在邻水的北侧，盖里以较长的横向波动的三层展厅来呼应河水的水平流动感及较大的尺度关系。因为北向逆光的原因，建筑的主立面终日将处于阴影中，盖里聪明地将建筑表皮处理成向各个方向弯曲的双曲面，这样，随着日光入射角的变化，建筑的各个表面都会产生不断变动的光影效果，避免了大尺度建筑在北向的沉闷感。在南侧主入口处，由于与 19 世纪的旧区建筑只有一街之隔，故采取打碎建筑体量过渡尺度的方法与之协调。更妙的是，盖里为解决高架桥与其下的博物馆建筑冲突的问题，将建筑穿越高架路下部，并在桥的另一端设计了一座高塔，使建筑对高架桥形成抱揽、涵纳之势，进而与城市融为一体。以高架路为纽带，盖里将这栋建筑沛然莫御的旺盛生命活力辐射入城市的深处。

☒ 内部设计

博物馆的室内设计极为精彩，尤其是入口处的中庭设计，被盖里称为“将帽子扔向空中的一声欢呼”，它创造出以往任何高直空间都不具备的、打破简单几何秩序性的强悍冲击力，曲面层叠起伏、奔涌向上，光影倾泻而下，直透人心，使人目不暇接，百不能指其一。在此中庭下，人们被调动起全部参与艺术狂欢的心理准备，踏上与庸常经验告别的渡口。有鉴于赖特在纽约古根海姆博物馆设计中对艺术展品不够尊重的教训，盖里的展厅设计简洁静素，为艺术品创造一个安逸的栖所。

☒ 建筑赞誉

在 20 世纪 90 年代人类建筑灿若星河的创造中，毕尔巴鄂古根海姆博物馆无疑属于最伟大之列，与悉尼歌剧院一样，

它们都属于未来的建筑提前降临人世，属于不是用凡间语言写就的城市诗篇。1996年普利茨克建筑奖得主、哈佛大学教授、西班牙著名建筑师拉斐尔·莫尼欧对它由衷叹服道："没有任何人类建筑的杰作能像这座建筑一般如同火焰在燃烧。"

的确，这个作品中盈溢的那种暗合于西班牙文化的、既激扬又沉静的诗意，不仅倾倒了全世界的万千民众，也折服了无数对盖里满怀偏见的建筑师。当然，最幸福的应属毕尔巴鄂市的居民，当天起凉风，日影飞去，整个博物馆因光阴的流转而幻化出奇异的迷彩，河面粼波浩荡，光影上下相逐，整座城市随一栋熠熠闪烁的建筑舞蹈起来的时候，他们是否已淡忘了城市痛苦的过去，不知今夕何夕？

作为城市诗篇的建筑，能够将城市中疾走的人群从庸碌的时间中暂时解救片刻，或者仅仅是让我们深呼吸一次，在云淡风清中悦目而赏心，然后幻想夕阳和雨。那些能够将建筑真正作为城市诗篇而书写歌咏的建筑师，在这个时代比真正的诗人还要稀少，一座城市遭遇他们、发现他们、并邀请他们为自己留下吉光片羽，需要的是难得的福缘。

☒ 设计经典

深受洛杉矶城市文化特质及当地激进艺术家的影响，盖里早期的建筑锐意探讨铁丝网、波形板、加工粗糙的金属板等廉

价材料在建筑上的运用，并采取拼贴、混杂、并置、错位、模糊边界、去中心化、非等级化、无向度性等各种手段，挑战人们既定的建筑价值观和被捆缚的想象力。其作品在建筑界不断引发轩然大波，爱之者誉之为天才，恨之者毁之为垃圾，盖里则一如既往，创造力汹涌澎湃，势不可挡。终于，越来越多的人容忍了盖里，理解了盖里，并日益认识到盖里的创作对于这个世界的价值。

该博物馆全部面积占地 2.4 万平方米，陈列的空间则有 1.1 万平方米，分成 19 个展示厅，其中一间还是全世界最大的艺廊之一，面积为 130 米乘以 30 米。整个博物馆结构体是由建筑师借助一套为空气动力学使用的电脑软件逐步设计而成。博物馆在建材方面使用玻璃、钢和石灰岩，部分表面还包覆钛金属，与该市长久以来的造船业传统遥相呼应。

作为博物馆主入口的巨大中庭，设有一系列曲线形天桥、玻璃电梯和楼梯塔，将集中于三个楼层上的展廊连接到一起。一个雕塑性的屋顶从中庭升起，透过玻璃窗投射进来的光线倾泻到整个中庭内。该中庭具有前所未有的巨大尺度，高于河面达 50 米以上，吸引着人们前来参观这个

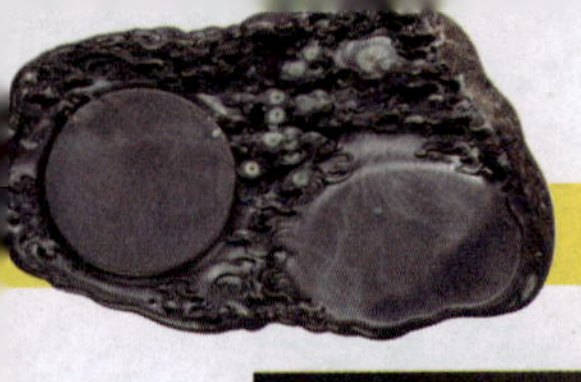

古根海姆艺术博物馆内部

独特的纪念性场所。

博物馆要求提供能够展示三类艺术作品的空间。永久性藏品布置在两组连续的正方形展厅（每组设有三个展厅）内——分别位于博物馆的二层和三层。临时性展品布置在一条向东延伸的长条形展廊内，该展廊在“Puente de la Salve”天桥的下面穿过，在其远端的一座塔楼内终止。当代在世艺术家的展品则布置在散布于博物馆各处的一系列曲线形画廊内，以便和永久性藏品及临时性展览对照观赏。

☒ 主要外墙材料

博物馆的主要外墙材料为西班牙灰石和钛金属板贴面。毕尔巴鄂古根海姆艺术博物馆的设计受到了所在城市的尺度和肌理的影响，让人联想到弗郎特河畔那些历史建筑，从而体现出建筑对于当地历史、经济及文化传统的关注和回应。

古根海姆博物馆设计者——富兰克·盖里

美国人喜欢把富兰克·盖里叫做“另一个富兰克”，因为前头有了个鼎鼎大名的富兰克·赖特。而盖里却不喜欢不断地被人拿来和赖特做比较，他老是强调说，他不是赖特那种类型的人，可是他已经成为一个家喻户晓的名字。

富兰克·盖里在工作

盖里1929年生于加拿大，后在美国读书，学艺术、学建筑设计，1962年自己开业。虽然早在1989年盖里就曾获得过一个号称“建筑的诺贝尔奖”的普里茨科奖，但真正的声誉还是来自毕尔巴鄂。对他在这里设计建成的那座外星来客般的博物馆，建筑界和艺术界评价不一，大众文化界也有分明的不同态度，有电视名人明确地表达出对它的厌恶，有大牌歌星愿选它庭前的草地来跳舞，而旅游者和建筑爱好者更是完全被它迷倒了。无论如何，毕尔巴鄂之后，盖里以他在建筑中表现的野性的雕塑般的形式名闻天下，抓住了华盛顿、纽约、波士顿无数人的心，还有西班牙人的心。西班牙巴斯克市长为了让他去做一个小酿酒厂也使出温馨的攻心术，送他一瓶1929年的葡萄酒，别忘了他是1929年出生的。

富兰克·盖里作品

富兰克·盖里在西班牙的毕尔巴鄂设计了古根海姆博物馆之后，他成了如此闪耀的一个明星。新版的邦德电影赶热闹似的把西班牙毕尔巴鄂的古根海姆博物馆作为片头激烈枪战场面的背景，好像这个博物馆也已经成为像艾非尔铁塔那样的地方性图标。美国总统克林顿把“国家艺术奖”颁给了他，美国建筑师协会把1999年的金奖给了他。这个奖是建筑界专业的最高个人奖项，专门奖励向常规、向传统挑战的建筑师。这个奖的获得者通常是以其作品在建筑理论和实践上产生持续影响的人。

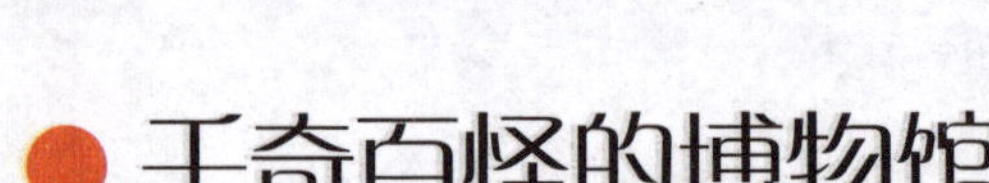

千奇百怪的博物馆

不少人认为博物馆是做研究的地方，实际上，它们更像是城市的精神公园，足以让热爱知识的你流连忘返。更奇妙的是，世界上有不少另类博物馆，着实令人大开眼界。

分手博物馆展品

分手博物馆 >

分手博物馆位于克罗地亚首都萨格勒布，是由一对克罗地亚艺术家情侣Olinka Vistica 和 Drazen Grubisic创办。这对情侣在经历了分分合合之后萌发收集自己和朋友们的分手故事及恋爱纪念品举办全球巡展的念头。2006年，他们带着收集的纪念品举办全球巡展，到达四大洲的十多个国家。一年多的巡展吸引到18万名观众，而且，他们每在一个展出城市都收集到观众的捐赠，展品越来越多。于是，他们决定要办一个永久性的博物馆，把这些展品和背后的故事永远保存下来，让更多的人看到。于是分手博物馆成立了。如果你不知道怎样处理失恋后令人伤心的爱情信物，现在可以将它们捐给“分手博物馆”。

☒ 馆内藏品

白色的展馆素净，明亮，无装饰，把参观者所有的注意力交给了一件件有故事的纪念品和一张张讲故事的小标签。物品有情书、婚戒、婚纱、玩偶，也有手铐、假肢，、托车、空酒瓶、内裤，甚至是斧头。阅读物品边上的小标签后，即便是在平常不过的东西，都带着原来主人的个人印记，独一无二，无法复制。

“2003 年 7 月 12 日 —2004 年 4 月 14 日，克罗地亚萨格勒布。300 天，太长了。他把自己的手机给了我，这样我就不能再给他打电话了。”——一只旧手机

“2000 年，南非开普敦。她常常把这顶帽子叫做男友帽，说它看起来像一顶男人的帽子。直到两个星期前，我才知道，那是他前男友的帽子”——一顶男帽

“1987 年，克罗地亚萨格勒布。她爱古玩，所有老到停止运作的东西。那正是我们分开的原因。”——一只古董表

最具有视觉冲击力的无疑是一把大斧头——还好，物主没有用它来杀人。

“柏林，1995 年，她是第一个被我允许带回来同住的女人，朋友们都说我应该敞开胸怀接纳别人。几个月之后，我去美国旅行，我们在机场挥泪告别，她说没有我的三个星期不知道怎么活下去。三周之后我回来了，她说她爱上了一个只认识三天的女人。然后第二天，她陪她的新女朋友度假去了，留下了她的家具陪我。我满腔愤怒得不到发泄，就买了一把斧头，把她的家具变成碎片。”这是最长的一个故事，也是最惊心动魄的一个，斧头和家具是这对情侣在柏林展出时收到的。

☒ 建造目的

不管是背叛还是友好分手，不管是突然死亡还是无疾而终，都曾有人真心付出过。博物馆的主人说，收集这些物品展出，不是为了留住伤心和痛苦的瞬间，而是希望提供一种“心理疗法”，与别人分享痛苦经历，要比独自忍受更容易康复，从而重新获得对爱情的希望。

信不信由你博物馆 >

信不信由你博物馆又称不可思议博物馆，馆内以趣味的方式陈列从世界各地搜集到的各式各样稀奇古怪的收藏品。这是全球第25座此类奇趣博物馆，已在泰园芭堤雅建立并开展。这里的展品有来自厄瓜多尔的缩小人头、西藏人的头盖骨及双头猫等。

☒ 概况

世界赫赫有名的探险家罗伯特·利普莱，环游世界时收集到的数千件千奇百怪的收藏品的珍藏地，世界最好的好奇博物馆！

罗伯特·利普莱的“信不信由你”韩国济州馆里有德国统一时推倒的实际柏林墙、叫价超过10亿韩元的从火星飞来的指甲盖大的火星陨石、戴着独角兽角的男子、NASA宇宙飞行员们勘查月球时所穿过的宇宙服、吞自己鼻子的人、木乃伊美人鱼、令人心惊胆战的中世地下监狱、神秘的部族村等，展示了不知该不该相信、暧昧的东西还有这世界上最珍贵、最让人觉得不可思议的所有东西。而且所有展示物都有很多故事和历史背景，其特征是：不仅能对儿童和青少年提供教育价值，还有许多能够体验多种世界历史的展示物来组成。信不信由你博物馆在世界多个著名的观光地建造独特外形的建筑物，循环展出展示物，因此每次访问都会有不同的新鲜感。

卫生纸制作的婚纱

☒ 历史

罗伯特·利普莱原先是在纽约的一个日报出版连载体育的珍奇纪录为素材的漫画和故事，因此聚集了很多人气，后来罗伯特·利普莱为了体验世界上所有珍奇东西而冒险环游全球，记录了他亲眼见到的珍宝和各国的历史，并集结这些事实来建立了博物馆。他曾于1937年访问我国，也给美国介绍过我国的风俗和历史，35年间环游国家多达198个，搜集了照片、漫画、工艺品等，他所移动的距离相当于环绕地球10周。

棺材博物馆 >

棺材看上去有点“晦气”，但位于美国休斯顿的“出殡历史博物馆”却努力化悲伤为乐趣。这里收集陈列着各式各样的“异形”棺材：有螃蟹状的、飞机形的、公鸡样的，形状各异，色彩鲜艳。无独有偶，在德国城市卡塞尔也有座“坟墓文明博物馆”，展示的棺材形态更为前卫：有的像葡萄酒瓶塞，有的像大号吉他，有的像游戏滑板。这些有趣的棺材似乎告诉人们：死亡并不可怕，我们还应乐观对待。

厕所博物馆 >

在印度的新德里有这样一座奇特的博物馆，名叫苏拉伯国际厕所博物馆。博物馆内不仅展示了超过4000年的古印度砖砌便渠，还有中世纪的便壶，更有在潜艇和太空船上所使用的高科技马桶等。展品十分丰富，从古至今，应有尽有，简直就是一部厕所的发展史。参观者可从趣味、科技和礼仪等不同角度去认识厕所的演变史。

像公元前2500年在印度出现的由烧制的方砖垒成的排水渠；还有中世纪欧洲人广泛使用的夜壶，它们大多数被伪装成沙发椅或是安在一个带木刻的架子上的巨大球体；以及现在运用在潜水艇和太空飞船中的装有高科技处理废物装置的超级厕所，它在转瞬之间可以把排泄物变成灰。

同时，博物馆里还收藏了许多名人用过的厕所及相关物品的复制品，像维多利亚女王的御用镶金边马桶、伊丽莎白一世和詹姆斯一世专用的带软垫的马桶等复制品，都能在博物馆里找到。

此外，博物馆还致力于在印度全国建立一系列方便广大百姓的新公厕，因为印度10亿人口中还有相当一部分人至今仍在路边或是灌木丛后方便。

苏拉伯厕所博物馆的展室面积并不太大，但里面精心收藏的展品却令人大开眼界，从最简单的中世纪便壶图片到最豪华的苏拉伯五星级宾馆厕所模型，从需要专人背在身后的街头流动厕所介绍到潜艇上使用的微波废物处理装置实物，各种各样的展品让人突然间意识到，原来最平常不过的如厕居然也有大大小小的讲究，也需要人们用时间和技术来解决一个又一个的难题。

也许是出于经费所限，苏拉伯厕所博物馆的馆藏多为复制品，而更多数量的模型和图片介绍则体现了帕塔克在创建博物馆时的良苦用心，显然他希望博物馆能够用来启迪民众的厕所文明而不是炫耀藏品本身。在展室中，关于印度古代厕所文明的图片介绍被放在了最显眼的位置：公元前2000年，印度河流域便开始出现冲水式厕所；在随后发展而成的印度教教义中，也曾经详细地记载了未婚教徒和已婚教徒各种各样的如厕规定和礼仪；古印度时代人们便明确要求“方便”之处与饮用水必须保持足够的距离等等。

然而时至今日，厕所文明反而在印度衰落而演变为一个严峻的民生话题。有数据显示，75%的印度人至今家里没有一个简单的厕所，89%的印度人干脆选择在露天里随时随地“解决问题”，因粪便污染而导致的大规模传染病更是频频发

生。印度开国总理尼赫鲁当时便曾经忧心忡忡地表示，“直到我们每个人都用上厕所的那一天，我才真正相信印度已经取得了长足的发展和进步。”正因为如此，成立于1970年的苏拉伯国际服务组织多年来一直致力于促进印度的厕所文明，到目前为止，在印度各地建立的家庭和公共厕所已经超过了100万个，成立博物馆更是通过知识介绍而让民众对使用厕所有所领悟和启迪。

赝品博物馆展品

苏拉伯国际厕所博物馆展品

假货博物馆 >

怎样才不会买到假货呢？法国制造商联合会有高招。他们在巴黎开了个赝品博物馆，参观者在这里能看到世界知名品牌的香水、钟表、汽车配件、家用电器等展品。每样展品都有真假两件，附有让人们辨别真伪的说明文字，再加上工作人员的解说，这样您轻易就能练就一双识别假货的火眼。

啤酒博物馆展品

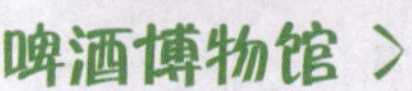

啤酒博物馆 >

德国北威州的Georg–Lechner啤酒博物馆里有1330个啤酒罐和320个啤酒瓶。它是全球收藏西部德国啤酒瓶标签数量最多的博物馆，总共22万个。另外，它还有一个镇馆宝物：1900年的酿酒作坊。门票仅1欧元。

夜壶博物馆展品

夜壶博物馆 >

两千年前人们就动了用夜壶解内急的念头，期间便诞生了用不同材料做成的各色夜壶。这里的展品逾2000件，图片为一件中国夜壶。成人门票4欧元，儿童3欧元。

贝壳博物馆 >

如果你钟情于贝壳收藏，就可以到德国下萨克森州的贝壳博物馆，去看看那里3000多件来自世界各地的贝壳。某些展品的名字十分奇特，如“醉鬼”或“垃圾通道管”。门票1到1.5欧元。

贝壳博物馆展品

反打鼾博物馆 >

这里的展品均是对付睡觉打呼噜的人的器具，比如鼻夹子、皮面具……听起来像刑具，看上去也像刑具。被别人鼾声吵得失眠的人可以到巴伐利亚取取经。

披头士博物馆

披头士博物馆 >

德国的披头士迷们不必大老远地跑到利物浦去顶礼膜拜。位于萨克森-安哈特州的披头士博物馆里有大量该乐队唱片封皮，演唱会宣传单和不同时期的音乐专辑。

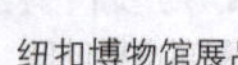

纽扣博物馆展品

纽扣博物馆 >

只有纽扣掉了，我们才会注意到它们。但在德国巴符州的“国际纽扣博物馆”它们是主角。展品中除了大量的各色纽扣外还有个老生产作坊。成人门票4欧元，6岁以下儿童免费。

反打鼾博物馆

德国柏林香肠博物馆 >

在德国，香肠的制作历史非常悠久，品种繁多，约有15000多种。为此，德国香肠爱好者建立了香肠博物馆，为游客提供关于香肠制作的各种信息。馆内陈列有历代制造香肠的各种设备、工具以及配方资料和香肠展品等，游客也可以了解有关香肠的历史和大事件。

德国柏林香肠博物馆

美国得克萨斯普莱诺蟑螂博物馆

荷兰阿姆斯特丹酷刑博物馆

美国得克萨斯普莱诺蟑螂博物馆 >

蟑螂博物馆中展出了数十种死的或者活的蟑螂。这里的蟑螂都非常具有艺术性，其中最为著名的一只蟑螂是一位85岁的老妇人捐赠的。这只蟑螂穿着白色斗篷，被打扮成赌城明星“黎伯瑞斯”，坐在小钢琴前“弹奏”，钢琴不断地发送电子音乐。

荷兰阿姆斯特丹酷刑博物馆 >

酷刑博物馆位于荷兰阿姆斯特丹的红灯区，博物馆处于一种黑色气氛中。这里展示了从古至今的各种酷刑，特别是中世纪的各种刑罚。从臭名昭著的“拷问台”、“碎脑壳”、断头台，到各种各样的绞刑架，让人看后毛骨悚然。

美国哥伦布市饭盒博物馆 >

这家名为“艾伦-伍德尔”的博物馆被称为全世界最大的饭盒博物馆，尽管博物馆所有者仅仅从2005年开始收集饭盒，但其展品增长速度却令人惊讶。

美国哥伦布市饭盒博物馆

法国巴黎下水道博物馆

法国巴黎下水道博物馆 >

巴黎下水道博物馆位于巴黎街道之下，又被称为巴黎的“城下之城”，由巴黎地下墓穴和下水道交叉组成。博物馆中展出了自13世纪巴黎建成第一个下水道系统后，公共卫生设施发展的漫长历史。游客们可以看到巴黎最古老的下水道体系。展览包括下水道维护设备、工人穿的衣服和清洁设施。

土耳其阿瓦诺斯头发博物馆 >

这家头发博物馆位于土耳其小镇阿瓦诺斯，展品是16000多名捐赠者免费捐赠的。馆主是土耳其知名陶艺家贾利普·奥拉库，他已经被《吉尼斯世界纪录大全》承认为世界上收藏头发最多的人。

英国兰开夏割草机博物馆 >

自从开馆以来，这家剪草机博物馆就吸引了全球各地人们的目光。这里不仅修复和收藏各种古老割草机，还收藏着18世纪以来各种型号割草机的专利和设计图纸。这里还是世界上最大的儿童玩具割草机收藏博物馆。

美国威斯康星州芥末博物馆

土耳其阿瓦诺斯头发博物馆

美国威斯康星州芥末博物馆 >

博物馆建立者巴里·莱文森从20世纪80年代就开始搜集芥末，1992年创立了芥末博物馆。这里收集了4800多种芥末，来自全世界60多个国家。游客不仅可以了解到芥末的发展历史，还能在博物馆专属商店中买到各种不同的芥末。

理发工具博物馆 >

德国柏林有一座独特的理发业博物馆，馆藏展品3000多件，其中有古罗马人刮脸、理发用的小碗和中世纪的理发工具，以及象牙、珊瑚、银、犄角制成的各式各样的梳子等理发工具。

锁具博物馆 >

在奥地利的格拉次城，有一座世间仅有的锁具博物馆。该馆不仅收藏有世界现代各式各样的锁和钥匙的制品，而且也收集了很多古罗马、中世纪欧洲、非洲及其他地区的锁具，现共有藏品3000多件。

足球博物馆 >

在英国首都北面的西金镇，有一座足球博物馆，馆内陈列有关足球运动的文史资料，收藏着世界历代各种足球、球衣、队旗、队徽、纪念章以及足球明星的照片。

乒乓球博物馆 >

日本一家《乒乓球》杂志的发行人田舛彦介，在经过他四处收集有关乒乓球的书刊、报纸、照片、乒乓球、球板等文物后，于上世纪80年代初期建成乒乓球博物馆。曾经在1981年，美国乒乓球协会主席索尔·希夫将90多年前使用的一种“牛皮纸鼓球拍”赠给了田舛，使这座乒乓球博物馆增辉不少。

世界警察博物馆 >

世界警察博物馆是世界第一座搜集、陈列、典藏各国警察文物史料最完整之展览馆。内容包括警察历史沿革、组织、勤务、业务、警力、服装、装备、学术著作等等。

世界警察博物馆位于台湾桃园县龟山乡“中央警察大学”内，占地约400坪，学校门禁十分森严，须事前去函申请核准，才可入内参访，一般游客难窥其校园面貌，因此多了一层神密的色彩。校内的警察博物馆位于警大图书馆一楼及地下一、二楼，内收藏有台湾历代警务发展、警政现况、及世界各地警务特色等。

警察博物馆共有地下二楼、地上一楼，地下二楼为国际警察馆，地下一楼为特藏室及国际警察馆，地上一楼为校史馆及中国警察馆，除外，还规划有亚洲馆、北美馆、中南美馆、非洲馆、欧洲馆、大洋洲馆等展览馆，各馆内收藏着我国历代警务发展、警政现况及世界各地警务特色等展示品。

斯坎森露天博物馆 >

世界第一所露天博物馆在瑞典斯德哥尔摩的吉尔卡登岛。1880年筹建，1891年建成，是世界博物馆史上的一个创举。占地30余公顷。有从斯德哥尔摩旧市区迁来的15栋店铺和手工作坊，有从瑞典各地迁来的各个不同时期的83栋农舍，还有教堂、钟楼、风车等各种建筑30余栋。

农舍是博物馆的主体，大体可分为北部地区和南部地区两种类型，都是木结构建筑。为了真实反映各个时期的建筑面貌，所有建筑严格按照原状进行复原陈列。除正房之外，还有储藏室、畜舍、仓库、脱粒和酿造作坊等，庭院内排列马车和各种农具。室内陈设也按当时情景布置，穿着当时民族传统服装的工作人员“生活”在这特定环境中，造成一种强烈的时代气息。除农舍外，还有领主府邸（包括卧室、起居室、客厅、餐厅、室内装饰等）、采矿师之家、军人之家和樵夫小屋等。馆中央区有一座木造古老教堂，建于1729—1730年之间，教堂内祭坛、风琴与古老时钟等给人以庄严肃穆之感。有些年轻人在这座古老教堂内举行婚礼。为了更好地反映昔日的城市生活，增强气氛和渲染力，还在正门左侧复原了从斯德哥尔摩旧市区迁来的15栋建筑，构成一条古老街道，有玻璃、陶器、鞣皮、印

刷、打铁、草药、面包房等作坊和店铺、古老的银行、商人住宅和斯坎森露天博物馆创始人哈兹里乌斯的住宅。参观者可在这里观看到工作人员按传统方式制作金属工艺品、吹玻璃、烤面包、做奶酪、装订书籍等的操作表演。当场出售的成品，是一种有意义的纪念品。此外，该馆还设有露天剧场、舞蹈场、游乐场、儿童乐园、动物园、餐厅等各种设施，每逢节假日举办戏剧演出、音乐会、风土舞会，还举行各种特有的民俗庆典活动(如夏至祭典)。在正门口有登山铁路将参观者送至高台平地，也有古老装饰的马车供代步之用。

世界上有没有巧克力博物馆？ >

约翰尼·德普主演的《查理和巧克力工厂》一度引起热爱巧克力的人对于巧克力工厂的狂热：那些五彩斑斓的巧克力豆树，流淌的巧克力河……但不是每个人都可以进入巧克力工厂一探究竟，我们收集了全球10家巧克力博物馆，游览博物馆自然是最好的选择。

☒ 法国巧克力的秘密博物馆

这座博物馆拥有完整的剧院、茶室、以及出售巧克力意粉、巧克力醋、巧克力啤酒和巧克力古董等礼品店，博物馆处处充满了法国式的优雅。

☒ 墨西哥雀巢巧克力博物馆

这座博物馆更为知名的是其现代化的设计，以及从动工到结束只用 75 天的惊人速度，这栋未来派建筑本身就是一大看点。

☒ 比利时布鲁日巧克力故事博物馆

这家博物馆中部分区域演示了巧克力对身体的益处，该博物馆同时还收藏有作为皇家贡品的各色巧克力罐。

☒ 澳大利亚维多利亚奇幻巧克力世界

这里有用巧克力复制的大卫雕像、埃德娜夫人壁画以及一个完整的巧克力小镇。来这儿的每位游客除了大饱眼福之外，进门时都会获赠真正的巧克力糖果。

☒ 西班牙巴塞罗那巧克力博物馆

博物馆里的雕塑实在让人惊叹，因为你完全想不起它竟是用巧克力做的。雕塑的题材从严肃的宗教作品到俏皮的卡通形象等等一应俱全。

☒ 加拿大新布朗斯威克巧克力博物馆

建成该巧克力博物馆是为了向当地糖果制造商 Ganong Bros 致敬，后者在全球率先推出了心形巧克力盒，其中很多样品就在博物馆中展出。

⊠ 捷克布拉格巧克力博物馆

巧克力应算味觉盛宴，但捷克的这家博物馆却为游客提供了一场真正的视觉盛宴，例如漂亮的仿古巧克力包装、巧克力生产过程，绝对让你目不暇接。

⊠ 宾州Candy Americana博物馆

这家博物馆开张至今已有 30 多年，一直免费接待游客。Candy Americana 公司总裁夫人最早是从跳蚤市场和古董店收集这些巧克力纪念品。

⊠ 韩国济州岛巧克力博物馆

巧克力工厂、展厅以及巧克力艺术画廊都会给你留下深刻印象，但恐怕最吸引人的还是要属用巧克力制成的旧金山风格有轨电车。

⊠ 德国科隆巧克力博物馆

博物馆坐落在莱茵河畔，整个建筑带有浓郁的未来派色彩，上下三层收藏着各式的巧克力，但真正最惹人眼球的赫赫有名的巧克力喷泉。工作人员会把饼干在“巧克力”泉水里一蘸，再递给垂涎欲滴的游客。

中国15个另类趣味博物馆

老爷车博物馆 >

北京老爷车博物馆坐落在北京市怀柔区杨宋镇，是一家经北京市文物局、北京市民政局核准注册的私人独资汽车博物馆，也是迄今为止全球唯一以中国国产品牌汽车为主要藏品的展览馆。

博物馆于2009年6月8日开馆，占地面积6500平方米，展馆面积3500平方米，主要包括主展馆、国产车展区、外国车展区、红旗车展区；影视道具车展馆，全国老爷车收藏者交易馆及办公生活区。

馆内藏有古典汽车160余辆，包括几乎所有型号的早期国产汽车、部分国外车型。新中国成立初期汽车工业代表作有：北汽生产的"东方红"牌轿车、第一代210军用越野车；上汽生产

的“上海”牌检阅车、第一代上海“凤凰”牌轿车、上海58等上海汽车系列；一汽生产的“红旗”牌检阅车、第一代“红旗”牌轿车、红旗轿车系列；美国道奇、德国奔驰、法国雪铁龙、英国莫利斯、前苏联吉斯等经典车型。有老一代革命家毛泽东、周恩来、朱德、彭真、李先念、吴桂贤及著名抗战将领——傅作义、陈纳德的坐驾等中外古典老爷车。有的馆藏品是国内乃至国际稀缺品牌、绝版品牌，堪称稀世藏品，它记录了中国汽车工业的发展史及世界汽车的发展史，无法用价值衡量。

金鱼博物馆

全国首个以金鱼为主题，具有文化展示和科普功能的中国金鱼博物馆2008年在北京通州张家湾开馆。馆内设立光电演示区，金鱼起源、家化及传播展示区，金鱼品种及形态变异展示区，北京金鱼史话展示区等。

自来水博物馆

自来水博物馆位于台北市南区的公馆，依山傍水、景色雅致、交通方便。从外观望去，博物馆的建筑物古色古香，充满中古欧洲建筑风味。根据台北自来水事业处的资料，自来水博物馆位处公馆观音山，毗邻新店溪。台北自来水事业处希望借自来水博物馆之成立，开放部分公馆净水场，让社会大众一方面参观具有历史意义的古迹，一方面了解自来水处理过程，及安全自来水之各项必要条件，一方面也希望能激发大家“节约用水”、“爱护水源”的共识。就这样，2000年4月30日，台北自来水博物馆正式开幕供民众参观。

酒瓶博物馆 >

河南郑州一位酒瓶收藏者在自家建成家庭酒瓶博物馆。展示了他近30年来收藏的造型不同、大小各异的4000多个品种的酒瓶。

匾额博物馆 >

洛阳匾额博物馆位于河南省洛阳市九都路以北、新街以东、洛阳民俗博物馆以西，占地3160平方米，建筑面积1947平方米，中间有小门与民俗博物馆相通。2009年4月11日，洛阳匾额博物馆从洛阳民俗博物馆分离出来，正式对外开放。该馆为清代建筑风格，院内亭台楼阁错落有致，翠竹幽幽，玉兰飘香，白鹅戏水，是一处人与自然和谐相处的历史文化景观。

笔墨博物馆 >

上海笔墨博物馆展示了中国制笔、制墨的工艺史、风格史，包括乾隆御笔、近代名人用笔等在内的不少文房四宝类文物也在这里首度公开，吸引了不少观众前来感受“笔海墨香”的文化氛围。

以展示、收藏、研究中国传统笔墨为主要特色的专业博物馆，是由上海市文物管理委员会主管，经上海市社团管理局登记注册的社团组织。主馆设于上海市著名的文化街——福州路429号，紧邻上海书城、古籍书店。该馆是目前我国唯一的以

传统文房四宝为主题的博物馆，它展示了数百年来，上海笔墨行业的变迁史和发展史，介绍了笔墨文化的通史和常识，陈列了周虎臣、杨振华、李鼎和、曹素功、胡开文、程君房等制笔、制墨大家的传世文物。上海笔墨博物馆附设艺院，不断推介中青年书画家，是展示中青年书画家艺术水平的重要平台。

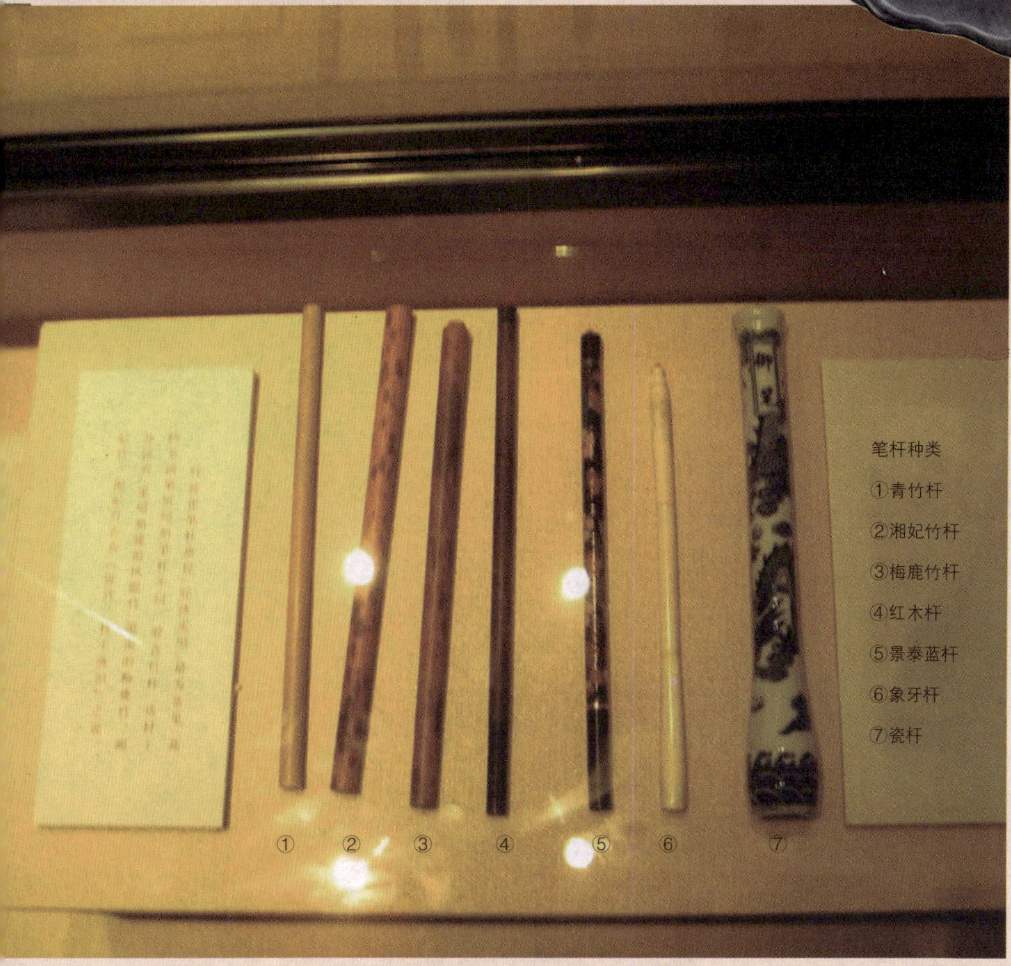

笔杆种类

①青竹杆

②湘妃竹杆

③梅鹿竹杆

④红木杆

⑤景泰蓝杆

⑥象牙杆

⑦瓷杆

① ② ③ ④ ⑤ ⑥ ⑦

家庭收音机主题收藏博物馆 >

2008年10月3日，中国第一座家庭收音机主题收藏博物馆在山西省长治市一条小巷中隆重开馆。它的主人，是一位仅有小学文化程度的普通市民——58岁的马贵生师傅。

我国目前已有3座收音机博物馆：中山收音机博物馆、华南理工大学无线电电子博物馆、广州人民广播电台广播博物馆——都在广东。虽然在收藏界中，收音机的收藏是个“异类”、“小项”，但在民间并不乏集收音机藏品之大观者。

古车博物馆 >

车、马是我国古代陆上的主要交通工具。制车是一个集大成的手工业部门。我国古车以其优异的性能在世界上长期处于领先地位。骑乘所用马具中极为重要的构件——马镫，也是我国首先发明的。在这方面，我国曾对人类文明作出了巨大的贡献。

临淄中国古车博物馆位于临淄区齐陵镇后李官庄，坐落在后李文化遗址上，是当代中国首家最系统、最完整、以车马遗址与文物陈列融为一体的古车博物馆。

临淄中国古车博物馆，是以1990年全国十大考古发现之一的后李春秋殉车马为基础而建的，分为古车陈列馆和地下春秋殉车马展厅两大部分。古车博物馆于1994年9月9日建成，其内容集中了中国古车的研究成果，会集了华夏历代车

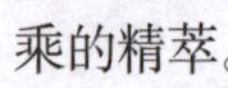

乘的精萃。

包括春秋殉车马展厅和中国古车陈列展厅两部分：后李春秋殉车马规模之大、配套之齐全、马饰之精美为当代全国之冠，名列全国十大考古发现之一。博物馆内容集中国古车研究成果之大成，充分展示了我国车乘的悠久历史和造车技术在世界车辆发展史上的领先地位。博物馆位于济青高速公路126公里处，两侧设有大型停车场，交通十分方便。古车博物馆稷下游乐园设：民俗展、民俗娱乐、鸟语林、射箭场、植物园、盆景园、赛车场等项目。

昆曲博物馆

昆曲是现存中国最古老的戏曲剧种之一，它历史悠久、剧目丰富、文辞典雅、曲调优美、表演精湛，在中国文学史、戏曲史、音乐史、舞蹈史上都占有重要地位，并对后来的京剧和众多地方戏曲产生过深远影响，被誉为“百戏之祖”、“中国戏曲的活化石”，是中华民族传统艺术中的瑰宝。2001年5月18日，中国昆曲被联合国教科文组织列为首批“人类口述和非物质文化遗产代表作”，这标志着中国昆曲丰厚的历史文化积淀及其珍贵的民族戏曲文化价值得到了世界的公认，成为了全人类共同的精神文化财富。

自行车博物馆

行为艺术者在河北省霸州市新落成的华夏民间收藏馆自行车博物馆内表演，表演者倚靠的是1910年英国生产的白金牌自行车。

中国自行车博物馆也叫霸州自行车博物馆，霸州博物馆位于106国道与霸州市迎宾东道交会处，与霸州行政中心遥遥相对，建筑规划用地面积5.5公顷，建筑面积38887平方米。为六层框架结构建筑，地下一层，建筑面积6530平米；地上五层，建筑面积32357平米。

风筝博物馆

潍坊风筝博物馆位于潍坊市奎文区行政街66号，1989年4月建成。是目前世界上建筑面积最大的风筝专业博物馆。它占地1.3公顷，建筑面积8100平方米，建筑造型选取了潍坊龙头蜈蚣风筝的特点，屋脊是一条完整的组合陶瓷巨龙，屋顶用孔雀蓝琉璃瓦铺成，墙壁铺白色马塞克。整个建筑设计风格独特似蛟龙遨游长空，伏而又起。

该馆设有综合馆、中国馆、潍坊馆、友谊馆等12个展馆，在约2000平方米的

展室内，收藏了古今中外的风筝珍品以及有关风筝的文物资料2000余件，介绍了风筝的历史、分类、创新及潍坊国际风筝会，风筝界友好往来的历史，潍坊市概况。

茶叶博物馆 >

台湾茶乡坪林茶叶博物馆，以现代蜡像技术，形象再现清代茶馆，饮茶日益世俗化，不只文人雅士、生意人，平民也加入的场景。

钢琴博物馆 >

面积仅1.78平方公里的鼓浪屿，仅有2.4万居民，岛上却有5000余台钢琴，其中最特别的是30台古老的欧洲与美洲钢琴，集中陈列在钢琴博物馆中，鼓浪屿人自豪地说，那是中国唯一的钢琴博物馆。

拿“千姿百态”来形容馆内的钢琴，或有夸张之嫌，但是让参观者随着陈列品走一遍钢琴近200年的演变历程，那就一点也不夸张。

运河文化博物馆 >

2005年，中国第一座中国运河文化博物馆在山东聊城东昌湖风景区内落成并投入使用，吸引了世界各国专家学者和旅游者的目光。

中国运河文化博物馆坐落在山东聊城京杭大运河畔，中国运河文化博物馆成为山东聊城享誉国内外的标志性文化旅游建筑。中国运河文化博物馆于2004年11月在山东聊城动工建设。该博物馆总建筑面积1万平方米，分为陈列区、收藏区和研究及学术交流区3个功能区域。

中国是世界上开凿运河最早的国家之一。中国京杭大运河是世界上最伟大的人工工程之一，是中国人民勤劳智慧的结晶。该馆的建设对于研究和传承运河文明，弘扬京杭大运河的历史文化，促进和提升运河沿线城市乃至在国内外的知名度具有重要意义。山东聊城市是受运河文化影响比较早的地区。隋代开凿的京杭大运河流经聊城的西部。元代会通河纵贯聊城腹地，为聊城带来了数百年的经济和文化的繁荣，形成了丰富的运河文化资源。

图书在版编目(CIP)数据

博物馆奇妙夜/于川编著.—北京:现代出版社,2013.2

ISBN 978-7-5143-1404-5

Ⅰ.①博… Ⅱ.①于… Ⅲ.①博物馆-世界-青年读物②博物馆-世界-少年读物 Ⅳ.①G269.1-49

中国版本图书馆 CIP 数据核字(2013)第 025446 号

博物馆奇妙夜

作　　者	于　川
责任编辑	李　鹏
出版发行	现代出版社
地　　址	北京市安定门外安华里 504 号
邮政编码	100011
电　　话	(010)64267325
传　　真	(010)64245264
电子邮箱	xiandai@cnpitc.com.cn
网　　址	www.1980xd.com
印　　刷	汇昌印刷(天津)有限公司
开　　本	710×1000　1/16
印　　张	8
版　　次	2013 年 3 月第 1 版　2020 年 1 月第 3 次印刷
书　　号	ISBN 978-7-5143-1404-5
定　　价	29.80 元